本书出版受"南昌大学'双一流'学科建设专项经费"资助

中国制造业
产能过剩问题研究

温湖炜 著

RESEARCH ON
THE EXCESS CAPACITY OVER
**CHINESE
MANUFACTURING INDUSTRY**

社会科学文献出版社
SOCIAL SCIENCES ACADEMIC PRESS (CHINA)

摘　要

受资源要素成本不断提高、国内需求结构不断升级、全球产业结构调整等宏观经济环境的影响，2008 年以来中国制造业出现了大规模的产能过剩。产能过剩问题已经成为中国最为重要的宏观经济风险之一，化解产能过剩是中国经济可持续发展的重大挑战。在此背景下，本书深入讨论中国制造业产能过剩的现状与形成机制，并考察技术创新、对外直接投资化解制造业产能过剩的实际效果和作用机制。

2008 年以来，中国制造业产能过剩具有复杂性、全局性甚至长期性特征，行业层面有从传统产业向新兴产业、从局部行业向全局行业蔓延趋势，区域层面存在联动效应和传染效应，时间层面存在路径依赖的"惯性"特征。就形成机制而言，需求冲击是产能过剩的直接原因，过度投资和低效投资是产能过剩的形成渠道，政府干预下体制性扭曲是产能过剩的根源。矫正体制性扭曲、刺激企业供给创新以及激发企业有效投资是中国制造业缓解供求关系结构性矛盾、化解产能过剩的根本出路，强化企业研发投入的创新驱动发展战略和鼓励企业对外直接投资的"走出去"战略是政府破解制造业产能过剩危机的重要手段。

总之，中国制造业大规模产能过剩的发生背景、特征以及本质与以往的产能过剩有很大区别，突出表现为传统低端制造业的生产能力不能满足新形势下的高端市场需求，本质是自主创新能力不足，产能过剩治理应该充分发挥生产经营主体的主观能动性，利用创新驱动发展战略和对外直接投资战略，破除中国制造业创新能力不足的现状，促进制造业转型升级，提升国际价值链分工地位，实现"稳定方式"去产能。

Abstract

As the increasing of the cost of resources, the upgrading of domestic demand structure and the adjustment of global industrial structure, the manufacturing of China has been confronted with new serious overcapacity since 2008. This problem has become one of the most important macroeconomic risks in our country, and thus resolving the overcapacity crisis is a major challenge for the sustainable development of economy. Under this background, the paper investigates the present situation of overcapacity in China and its causes, and focuses on the effect and the mechanism of innovation and OFDI on the overcapacity.

The overcapacity of manufacturing shows characteristic of complex, global and secular. From the industry level, the overcapacity shows a tendency of contagion from traditional industries to emerging industries and from local to global. From regional level, the capacity utilization shows a clear co-movement and contagion effect among provinces. From time level, the overcapacity has obvious "inertia" characteristic of path dependence. In terms of the mechanism, demand shock is the direct cause of excess capacity, over-investment and inefficient investment are the channels of forming excess capacity, and systematic distortion under government intervention is the root of excess capacity. Correcting institutional distortions, stimulating enterprises to innovate from the supply side, and inspiring enterprises to effectively invest are the fundamental ways to alleviate structural contradictions of supply relationship and resolve the problem of excess capacity of Chinese manufacturing industries. Promoting technology innovation and the outward foreign direct investment strategies is important ways for government to govern excess capacity crisis.

In short, the background, characteristics and the essence of this new round of large-scale overcapacity crisis are different from those of previous overcapacity crisis. The reason of the excess capacity in manufacturing is that the traditional manufacturing production capacity cannot meet the demand of market under the new situation. The essence of the overcapacity crisis is the insufficient capacity for independent innovation. In order to govern the overcapacity crisis, we should give full play to the production and subjective initiative of the producers through innovation driven development strategy and foreign direct investment strategy. We should improve the innovation ability of manufacturing industry, promote the transformation and upgrading of industrial structure, and promote the international division of value chain to realize manufacturing overcapacity governance.

目　录

第一章 绪论

第一节 问题的提出

改革开放以来，我国"人口红利"带来了大量劳动力供给以及高储蓄率、高投资率保障了资本的快速积累，劳动要素投入和资本要素投入共同驱动我国经济快速增长，使我国经济保持了近10%的增速，创造了举世瞩目的增长奇迹。但是，要素驱动经济增长模式导致的产能过剩问题一直是困扰我国经济增长的顽疾，是对我国经济可持续发展的重大挑战。2008年金融危机以后，我国经济进入了新常态：经济从高速增长转为中高速增长，经济结构迫切需要优化升级，经济增长模式需要从要素驱动、投资驱动转向创新驱动。在此背景下，我国又经历了新一轮大规模的产能过剩危机，多个制造业行业被曝出产能利用率偏低、利润持续下滑甚至出现严重亏损等问题，随着经济下行压力加剧，产能过剩问题已经开始向全部行业蔓延，战略性新兴制造业也已经出现或潜藏着产能过剩风险，产能过剩治理成为当前政府最为重要的议题之一。

图1-1展示了我国工业产能利用率在1992~2015年的时间演变趋势，可以发现我国工业产能利用率的时间演变趋势在2008年出现了结构性拐点。2008年金融危机导致工业产能利用率迅速下滑，

但是 2010～2011 年又出现短暂反弹，之后又出现下滑趋势，2015 年我国工业产能利用率约为 77%，并且呈现一定的持续下滑趋势，产能过剩危机是目前中国宏观经济面临的重大潜在风险。2008 年金融危机以来的制造业产能过剩不仅表现为存在产能闲置，同时还表现为存在供给短缺，供求关系表现为传统低端制造业产品的供给过剩，高技术含量的高端产品有效供给不足，以企业供给不能满足需求不断升级的结构性产能过剩为主。2008 年金融危机以来的产能过剩是在中国经济与世界经济进入深度调整期的背景下产生的，国际经济危机持续发酵导致美欧等发达国家的市场持续低迷，国际市场对中国工业品的进口需求大幅下降，同时我国国内市场需求增速趋缓，消费需求结构也开始出现明显转变。总体而言，2008 年金融危机以来的产能过剩产生的原因极为复杂和深刻，产能过剩呈现长期性、全面性的特征，产能过剩治理的任务十分艰巨。

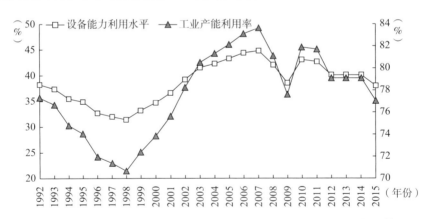

图 1 - 1　1992～2015 年中国工业产能利用率的时间演变趋势

注：一般地，产能利用率是衡量产能过剩程度的常用指标，产能利用率越低，说明产能过剩问题就越严重。有关中国产能利用率数据的发布机构有中国人民银行、国家统计局、国际货币基金组织和世界银行，其中公开的最为权威的数据是中国人民银行利用全国 5000 余家工业企业的季度调查数据计算的设备能力利用指数。此外，国家统计局从 2006 年开始对工业企业产能利用率进行了季度调查，但是该数据并未正式地、系统地发布。对比官方报道的产能利用率和央行公布的设备能力利用指数，发现两者趋势接近，我们采用线性拟合的方法得到了 1992～2015 年中国工业产能利用率。然而，国家统计局的调查结果较其他研究的结果乐观，当前实际的产能利用率可能低于图 1 - 1 的水平。

从全局和长远来看，如果中国政府不能够有效治理制造业的产能过剩，不仅会继续造成生产资源低效配置与闲置，甚至还可能会诱发系统性风险。在党的十八大和十八届三中全会精神指引下，我国政府已经提出了全面、有力的产能过剩治理思路。为了抑制产能过剩，政府采取了一系列调控政策，化解当前的产能过剩危机，先后实施了诸如暂停批复项目、取消差别电价优惠、惩罚性电价、名单制淘汰、提高准入门槛等措施。2009 年 9 月，国务院发布《关于抑制部分行业产能过剩和重复建设引导产业健康发展的若干意见》，明确指出我国当前的产能过剩矛盾较为突出，在钢铁、水泥、平板玻璃、煤化工、多晶硅、风电设备、电解铝、造船等行业均出现了较为严重的产能过剩，提出必须尽快抑制重复建设和化解产能过剩问题，以实现工业经济的良性发展。2011 年，我国工信部发布《工业和信息化部关于抑制平板玻璃产能过快增长引导产业健康发展的通知》，以化解平板玻璃的产能过剩问题。2013 年 10 月，国务院印发了《关于化解产能严重过剩矛盾的指导意见》，同年 11 月国土资源部发布《严禁为产能严重过剩行业供地》，通过各种措施化解产能过剩危机。2013 年 12 月，我国召开的中央经济工作会议，明确提出要充分利用国际金融危机形成的倒逼机制，把化解产能过剩矛盾作为工作重点，加强对各个产能过剩行业发展趋势的预测，制定有针对性的调整和化解方案。2015 年 12 月，我国召开的中央经济工作会议明确将"去产能"作为供给侧结构性改革五大任务之首，中国制造业产能过剩治理开始全面进入攻坚期。2016 年，国务院印发《关于钢铁行业化解过剩产能实现脱困发展的意见》《关于煤炭行业化解过剩产能实现脱困发展的意见》等一系列文件，针对钢铁、煤炭等行业的产能过剩治理提出了具体意见和要求。2016 年 12 月，我国召开的中央经济工作会议强调，在新的一年，产能过剩治理依然是政府的工作重心，去产能将更注重"精确打击"。可以说，此轮产能过剩的治理一直是政府的工作重心，产能过剩治理对策的研究具有重要的现实意义。

产能利用不足的现实背景吸引了国内学者对产能过剩治理思路的探讨，产能过剩问题研究的主流观点认为，治理产能过剩应该集中精力纠正体制性扭曲、理顺资源要素价格形成机制、强化环境标准抑或是遏制过度的固定资产投资。这种"对症下药"的产能过剩治理方式符合我们常规思维的逻辑，也得到了政策制定者的认可。随着改革进程的不断深入，政府不断强化市场机制在资源要素配置过程中的核心地位，以期降低政府干预企业行为的程度、理顺资源要素价格形成机制。然而，面对此轮制造业产能过剩危机，这种"对症下药"的产能过剩治理方式并没有取得明显效果，学者之间就制造业产能过剩的治理逻辑和路径也开始出现争论。事实上，这种"对症下药"的产能过剩治理方式既忽视了企业应对产能过剩问题的主观能动性，也没有认清我国制造业当前产能利用不足的本质。2008年以来，我国制造业的产能过剩产生于资源要素成本不断提高、国内需求结构不断升级、全球产业结构重新调整的背景下，突出表现为传统低端制造业的生产能力不能满足新形势下的市场需求，是中国制造业长期锁定于制造业国际低端价值链、研发创新能力不足的后果。

为了克服我国制造业发展的困境，中央政府制定了创新驱动发展战略和大力发展对外直接投资的"走出去"战略，以期突破制造业的国际价值链低端锁定、破除企业研发创新能力不足的现状以及实现产业结构的全球布局。事实上，创新驱动发展和鼓励企业对外直接投资也是政府化解产能过剩的重要手段，习近平总书记屡次对我国制造业的产能过剩问题进行评论，指出化解制造业产能过剩依赖广大企业的锐意创新、转型发展，同时提出有序地向境外转移产能是化解国内过剩产能的重要途径。

第二节 研究意义

现有研究文献，主要从周期因素、市场因素和政府因素等视角分析我国产能过剩的决定因素与形成机理，并且产能过剩研究的主流观点认为政府干预下的体制性扭曲、资源要素价格形成机制受到干扰及其引起的过度固定资产投资是产能过剩的根源，治理对策主要是弱化政府干预、加强宏观调控和行业协作、制定严格的准入政策和完善的退出机制、理顺资源要素价格形成机制等。但是，无论是产能过剩的成因研究，还是产能过剩的治理对策研究，不同学者之间充满了争议。现有研究的主流观点认为，建立和完善市场机制就能够有效化解产能过剩，但是，市场机制相对完善的发达国家也曾经出现过产能过剩危机。进一步仔细分析发现，大部分发达国家在制造业发展到一定阶段、有结构转型需求时，都出现过一定程度或者严重的产能过剩。所以说，虽然建立和完善市场机制是必要的，但这不太可能化解我国制造业目前的产能过剩。固定资产投资增速过快也饱受诟病，被认为是中国制造业产能过剩的重要原因。但是，中国固定资产投资增速在近几年不断下滑，2016年固定资产投资增速更是创16年新低，民间投资增速也出现断崖式下滑，以遏制投资规模的方式治理产能过剩毫无疑问会造成经济增长速度断崖式下滑。此外，我国政府一直努力完善资源要素价格形成机制、降低政府干预程度，并且取得了一定的成就，在此背景下制造业出现了新一轮的产能过剩，意味着此轮产能过剩并不能由这些因素很好地解释。本书充分考虑到此轮制造业产能过剩的本质是创新能力不足，对我国制造业产能过剩问题进行深入研究，重新审视我国制造业产能过剩的现状、成因及治理思路，重点关注研发创新、对外直接投资化解制造业产能过剩的实际效果和作用机制，并思考如何充分发挥两大战略化解制造业产能过剩的作用，为我国实现"稳定方式"去产能提供新的思路。可以说，本书考虑了此轮制造业产能过剩问题的特殊性，从新的视角对产能过剩成因、形成机制及治理对策展开分析，可以在一定程度上完善产能过剩的相关理论，具有重要的理论价值。

2015 年我国中央经济工作会议将"去产能"列为中国供给侧结构性改革"三去一降一补"五大任务之首，充分体现了政府治理产能过剩的决心，同时也体现了产能过剩治理任务的艰巨性。因此，对我国制造业产能过剩相关问题的研究，对科学治理产能过剩有着重要的现实意义。针对 2008 年金融危机以来的产能过剩，政府连续出台了一系列严格的产能过剩治理措施，但是，政府推行的产能过剩治理对策很多与我国经济增长、就业目标相悖，产能过剩治理短期内会带来投资增速下滑、失业加剧以及经济增长缓慢等问题，进一步抑制投资需求和消费需求。政府同时又出台了大量应对经济危机的干预政策，削弱了市场优胜劣汰机制和产能过剩治理措施的实施效果，导致产能利用率出现持续下降的复杂局面，产能过剩问题也"久治不愈"和"日益严重"。所以说，传统的产能过剩治理思路面临产能过剩治理和经济增长的权衡取舍问题，从而导致传统的产能过剩治理思路和政策并没有有效化解制造业产能过剩，更没有改变中国制造业产能过剩的本质。在此背景下，本书揭示中国制造业产能过剩的本质是企业创新能力不足、国际分工处于价值链低端，并结合中国的创新驱动发展战略和鼓励企业对外直接投资的"走出去"战略，为我国制造业实现"稳定方式"去产能提供新的思路，具有突出的现实价值。

第三节　文献评述

一　国外研究动态

国外文献关于产能过剩形成原因的探讨主要是基于市场决定资源配置的条件进行的，其产生的微观机制主要与企业间的市场竞争博弈有关，基本上认为产能利用出现不足是市场经济的一种自然现象。具体有以下三类文献的研究结论，被称为"理性产能过剩"：第一，从寡头共谋的角度出发，认为企业为了追求自身利益最大化采取的投资策略和价格策略会导致产能过剩；第二，从信息不对称的视角出发，认为市场需求的不确定性提升了企业"运营期权"的存在价值（Pindyck，1988）；第三，从博弈论的角度分析，认为企业保持一定的过剩产能能够阻碍潜在竞争对手的进入或者提高技术授权的收益（Ogawa，2004）。

随着发达国家产能利用率统计数据的完善，相关研究更为关注产能过剩或者产能利用率的宏观影响，大量研究表明，产能过剩、产能利用率是捕捉经济周期波动特征的关键以及评价通胀压力的有效指标。例如，Gordon（1989）、Stock 和 Watson（1999）、Corrado 和 Mattey（1997）以及 Nahuis（2003）研究发现，产能利用率与通货膨胀之间有显著的正相关关系。但是，Ahmed 和 Cassou（2016）实证研究发现产能利用率和通货膨胀之间存在变结构协整关系，产能利用率并不是通货膨胀的格兰杰原因，产能利用率并不能作为评价通货膨胀的有效指标。国际学术界很少从资源浪费的视角考虑产能利用率的宏观影响，西方学者也较少从资源浪费的视角测度产能利用率（钟春平、潘黎，2014）。

近几年，在全球需求疲软的宏观环境背景下，国外学者重新探讨长期的"非理性产能过剩"的成因，相关研究普遍认为需求疲软或者不利的需求冲击是产能过剩的诱发因素，并试图解释需求诱发形成的产能过剩为什么长期存在。Crotty（2002）最早全面讨论全球产能过剩长期存在的原因，得出的结论是世界经济需求增长缓慢、企业全球竞争压力上升引发了企业的生存竞争大战，企业以超过新古典经济学或凯恩斯主义框架所能解释的速度创造了更多的过剩产能。Michaillat 和 Saez（2015）、Murphy（2017）通过构建数理模型，证明了在产品市场存在匹配摩擦和固定成本占成本主导地位时，不利的需求冲击会引发长期的生产要素闲置与产能过剩的问题。当然，并非所有文献都从需求视角解释产能过剩的形成，有学者从供给侧解释企业产能利用率的差异。Dagdeviren（2016）指出供给侧因素和制度环境是企业产能闲置的重要原因，并且产能利用率与经济发展水平有关。Kim（1999）从资源要素成本来解释企业之间产能利用率的差异，提高资源要素价格有利于提高企业的产能利用率，而资本成本过高并不利于提高企业的产能利用率，还进一步指出通过政策干预可以提高企业的产能利用率。Niizeki（2014）也指出资源要素价格对日本的产能利用率有显著的影响。总体而言，国际学术界更多认为产能利用不足是由需求冲击导致的，但是制度质量、成本结构类型、市场摩擦以及要素价格形成机制等条件的差异会导致企业对需求冲击的反应存在差异，从而导致产能利用率存在差异。

二　国内研究进展与评述

产能过剩问题一直是困扰我国经济增长的顽疾，因此，国内大量文献对我国制造业产能过剩的形成及治理措施展开探讨。接下来，本书主要从我国制造业产能过剩现状评价、产能过剩治理对策两方面对现有研究进行梳理[①]。

（1）我国制造业产能过剩现状评价的文献

由于产能利用率数据、产能过剩指标缺乏，不同学者对我国制造业产能过剩的行业分布及严重程度的认识存在许多差异。就行业角度而言，周劲和付保宗（2011）认为我国产能过剩在轻工业与重工业之间存在差异，轻工业的产能过剩问题更为严重；韩国高等（2011）则指出我国产能过剩的行业主要为具有垄断竞争特征的重工业，而进入、退出自由的轻工业产能过剩问题并不严重；沈坤荣等（2012）认为垄断性行业的产能利用率普遍较低。但是，韩国高等（2011）、董敏杰等（2015）的代表性研究对我国工业产能利用率的测度和分析都停留在 2011 年及以前，事实上我国新一轮大规模的产能过剩从 2012 年开始全面显现，制造业新一轮产能过剩发生背景也不同于以往，现有对产能过剩特征分析的研究存在明显的不足。

此外，现有研究就我国新一轮产能过剩严重程度的判断也存在差异。于立和张杰（2014）认为我国制造业新一轮的产能过剩会成为我国未来经济运行中的"新常态"，未来产能利用率的提高必须以降低经济增速为代价。何蕾（2015）则认为我国工业的产能利用率具有明显的顺周期特征，产能过剩以周期性产能过剩为主，我国产能过剩问题并不严重。钟春平和潘黎（2014）则认为我国的产能利用率较西方国家并不低，因此产能过剩并不是严重的问题，甚至认为"产能过剩是严重的问题"可能是伪命题。李晓华（2013）则认为，全球金融危机爆发以后我国制造业的产能过剩问题日益严重，已经从潜在的、阶段性产能过剩转变为实际的、长期性产能过剩，

[①] 这一部分的文献评述旨在说明我国对制造业产能过剩现状的认识，治理思路的研究还存在许多不足，本书会在第二章对产能过剩的含义、测度方法和判断标准以及决定因素和形成机制的相关研究展开详细回顾和讨论。

从低端的、局部性产能过剩转变为高端的、全局性产能过剩。

不同的文献对我国新一轮产能过剩严重程度判断的差异很大程度上来源于学者就经济周期和产能过剩关系讨论的矛盾：一方面，实际数据表明产能利用率波动具有非常强的顺周期性特征；另一方面，产能过剩的主流观点又坚持经济周期因素不是我国产能过剩的主要成因。需求冲击不仅是周期性产能过剩的原因，而且是暴露体制性产能过剩和结构性产能过剩的直接原因，因此，产能利用率的顺周期性特征并不能说明产能过剩问题不严重。此外，中国制造业的产能利用率较西方国家标准较高也并不意味着产能过剩问题不严重，考虑到我国的经济体制、经济结构、发展阶段等多个方面都有别于西方国家，西方国家的标准可能并不适合我国（张林，2016）。对于我国产能过剩严重程度的判断，应该重点关注产能过剩程度相对值的变化，把握产能利用的动态演化趋势。

（2）我国制造业产能过剩治理对策的文献

现有研究文献主要是从经济周期因素、市场因素和政府因素等视角分析我国产能过剩的决定因素与形成机理。产能过剩研究的主流观点认为政府干预下的体制性扭曲、资源要素价格形成机制受到干扰及其引起的过度固定资产投资是我国产能过剩的根源，产能过剩治理应该集中精力完善市场进入退出机制、纠正体制性扭曲、理顺资源要素价格形成机制、强化环境标准以遏制过度的固定资产投资（余东华、吕逸楠，2015；程俊杰，2015a）。韩国高等（2011）认为我国的产能过剩主要是由企业过度投资带来的，要实现产能过剩治理，必须从两方面着手：一方面，加快经济增长方式由粗放型向集约型的转变，依靠提高生产要素的质量和利用效率来实现经济增长；另一方面，控制政府主导下的过度投资行为，使企业承担固定资产投资所带来的真实成本，实现资源的有效配置。何彬和范硕

（2013）指出过度依赖投资的经济增长模式导致我国产能过剩问题形成，由投资拉动向需求拉动的经济增长方式转变有利于解决产能过剩问题。钟春平和潘黎（2014）认为产能过剩治理核心是要建立长效机制，理顺价格形成机制，强化环境标准，降低资源要素价格扭曲程度。董敏杰等（2015）通过对产能利用率影响因素分析，提出解决产能过剩问题的关键是减少政府对企业经济行为的干预、强化市场机制在经济运行中的核心地位。程俊杰（2016）认为降低产业政策干预程度可以有效化解产能过剩。当然，大量学者得到类似结论，还有学者提出利用提高经济开放水平、完善金融资本市场、提高区域市场一体化程度等方式化解产能过剩。

随着改革进程的不断深入，我国政府不断强化市场机制在资源要素配置过程中的核心地位，以期降低政府干预企业行为的程度、理顺资源要素价格形成机制，并且在资源配置效率、价格形成机制完善等方面都取得了较大成就。但是，面对我国制造业2008年以来的产能过剩危机，这种"对症下药"的产能过剩治理方式并没有取得显著效果，产能过剩问题"久调未决"，甚至出现"越调越乱"、加剧和蔓延的趋势（徐朝阳、周念利，2015），已经从阶段性、局部性的产能过剩演化成更为严重的持续性、全局性的产能过剩，学者之间就产能过剩的治理思路开始出现争论。

事实上，现有主流产能过剩治理思路的失效，来源于我国当前阶段产能过剩发生背景及其本质的变化。在此轮产能过剩治理的过程中，政策制定者和相关研究的学者尝试转变产能过剩治理思路，提出通过提高自主创新能力和鼓励企业大力发展对外直接投资的方式实现产能过剩治理（杨振兵，2015；李扬，2016）。事实上，鼓励企业加大研发投入，优化技术，从而实现产品结构向高、尖、新转变，就可以有效解决中国制造业产能利用率偏低的问题（张占斌、张孝德，2014）。在中国工业经济学会 2014 年年会上，各位专家和学者聚焦中国产业转型升级与产能过剩治理，认为应当构建以企业为主体、以市场为导向、产学研相结合的技术创新体系，利用市场机制和经济杠杆倒逼企业增强技术创新的内在动力，推动企业转型和产业升级，提升以产品质量、标准、技术为核心要素的市场竞争力，可以有效化解中国产能过剩（潘爱民等，2015）。美国、德国、日本等发达国家的经验表明，通过加大科研投入，推动企业技术创新和增加产业链附加值，可以有效化解产能过剩（刘建江等，2015）。鼓励企业开展对外投资活动，则可以积极引导过剩行业向外有序转移，推动战略性新兴产业和具备核心竞争优势的产业积极参与国外竞争，可以有效化解中国的产能过剩（杨振兵，2015；曹秋菊，2016）。

在大力发展对外直接投资和提高企业自主创新能力被视为产能过剩长期治理对策的同时，对对外直接投资、研发创新作为产能过剩化解机制的作用进行研究的文献却很少。对外直接投资化解制造业产能过剩理论和实证研究文献仅有杨振兵（2015）的省际层面的研究。夏晓华等（2016）从企业多维创新方式的视角解释企业的产能过剩问题，为创新方式发展化解产能过剩提供科学依据。本书的研究很大程度建立在这两篇文献的研究基础上，提出要以新的思路治理我国制造业的新一轮产能过剩。

第四节　研究框架和研究内容

一　本书的研究框架

本书的研究框架如图 1-2 所示。本书紧紧围绕创新驱动发展战略和鼓励企业对外直接投资的"走出去"战略的现实背景，认为制造业的产能过剩治理必须依赖创新能力的提高和大力发展对外直接投资。我们主要思考以下几个问题：第一，现有研究文献是否成功解释了我国当前阶段的产能过剩问题，当前的产能过剩治理思路是否可行？第二，研发创新能否缓解供求关系的结构性矛盾、化解制造业产能过剩？第三，鼓励企业大力进行对外直接投资的"走出去"战略能有效化解我国的产能过剩吗？

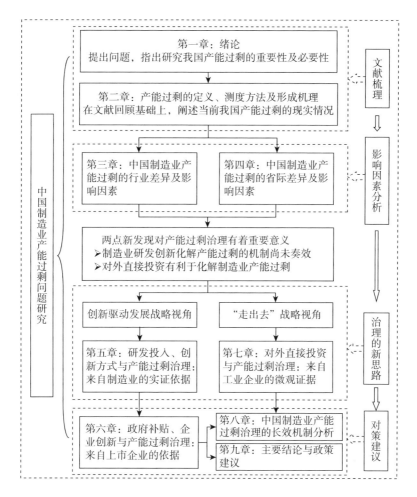

图 1 - 2　本书的研究框架

我们首先测度得到制造业分行业的"真实的产能利用率"和省域层面的制造业产能利用率，对我国当前制造业产能过剩的特征进行分析和讨论。在此基础上，从行业和省际视角考察研发投入、对外直接投资对产能利用率的影响。结果我们发现，只有对外直接投资能够显著提高产能利用率，而研发创新化解产能过剩的作用机制失效。为此，我们认为有必要进行因果研究设计，识别出研发投入、对外直接投资与产能利用率的因果关系，从而为创新驱动发展和对外直接投资化解产能过剩的思路提供理论和实证依据。鉴于中观层面的研究发现研发创新化解产能过剩的作用机制失效，我们还从创新方式视角出发，考察研发创新化解产能过剩的作用机制失效的根源。另外，我们进一步研究政府补贴的产业扶持政策对企业产能利用率的影响，探寻合理支持战略性新兴产业发展的产业扶持政策。最后，我们在总结本书研究主要结论的基础上，提出科学治理产能过剩的新思路。

二 本书的研究内容

本书一共分为九章，每个章节的主要研究内容如下。

第一章：绪论。首先介绍了本书的选题背景和选题意义，指出研究我国产能过剩问题的重要性及必要性，然后对本书的研究框架和研究内容做了说明，最后指出了创新点与局限性。

第二章：产能过剩的定义、测度方法及形成机理。我们通过研究现有文献的方法，比较了不同学者对产能过剩内涵的理解，梳理了不同测度方法测度的产能利用率的含义，以及对不同的产能过剩形成机制进行了探讨，以期深化对我国制造业产能过剩的认识。

第三章：中国制造业产能过剩的行业差异及影响因素。首先，使用固定效应随机前沿生产函数法测度我国制造业分行业在1980～2014年的"真实的产能利用率"；其次，本书对我国制造业产能过剩的行业差异以及动态演变趋势进行了比较分析，并重点讨论了

2008 年以来制造业产能过剩特征的变化，指出当前产能过剩具有复杂性、全局性甚至长期性等特征；再次，采用动态面板模型和系统 GMM 估计方法对需求冲击、固定资产投资、体制性扭曲三个层次的产能过剩成因以及研发创新进行回归分析，探讨三个层次的因素以及作为产能过剩治理机制的供给创新对产能过剩的影响；最后，在对我国制造业分行业的产能过剩现状、特征、形成机制有了全面理解的基础上，对产能过剩治理展开讨论。

第四章：中国制造业产能过剩的省际差异及影响因素。这一章我们是从省际层面的视角，考察中国制造业产能过剩的现状、成因及治理对策。首先，我们利用各省份分行业的投入产出数据，测度得到省域层面上的产能利用率，揭示我国制造业产能利用率的区域、省际差异；其次，利用空间动态面板模型，从省际层面考察产能利用率的影响因素；最后，结合第三章的实证结果，对我国制造业产能过剩的成因及治理对策做出评价，并且指出识别研发投入、对外直接投资与产能利用率的因果关系，具有重要理论和现实意义。

第五章：研发投入、创新方式与产能过剩治理：来自制造业的实证依据。这一章主要是识别研发投入与产能利用率的因果关系，并从创新方式的视角探讨我国研发创新化解产能过剩作用失效的根源。首先，我们梳理产能过剩形成机制的理论框架，讨论研发投入在产能过剩形成和治理阶段所扮演的角色；其次，我们利用世界银行营商环境调查数据，考察中国制造业企业研发创新活动对产能利用率的影响，并采用倾向得分匹配法、工具变量回归以及联立方程组模型克服内生性问题，识别出研发投入和产能利用率的因果关系；最后，我们进一步将创新方式细分为自主创新、合作创新及模仿创新，考察创新方式对产能过剩的影响，指出过度依赖模仿创新是制造业产品创新和流程创新化解产能过剩的作用机制相对失效的原因。

第六章：政府补贴、企业创新与产能过剩治理：来自上市企业的依据。考虑到战略性新兴产业产能过剩问题的特殊性，本章以光伏和风能上市企业为例，单独对我国战略性新兴产业产能过剩的特征进行了分析，并且讨论政府补贴的产业扶持政策对战略性新兴产业产能过剩的影响及其机制。首先，本章测度了48家光伏和风能上市企业在2001~2015年的产能利用率，考察战略性新兴产业产能利用率的动态演变，指出以光伏和风能产业为代表的战略性新兴产业经历了由发展不足的产能利用偏低演变为创新不足的产能过剩。在此基础上，本章将企业创新纳入政府补贴对企业产能利用率影响的分析框架，并利用2010~2015年面板数据，实证考察政府补贴、政府补贴类型对光伏和风能上市企业产能利用率的影响，最后提出如何依靠创新驱动发展战略促进战略性新兴产业发展和实现产能过剩治理。

第七章：对外直接投资与产能过剩治理：来自工业企业的微观证据。这一章主要是阐述对外直接投资对产能过剩影响的作用机制，并识别对外直接投资和产能过剩的因果关系，从微观企业层面验证对外直接投资能够化解产能过剩的假说。采用PSM-DID的研究方法，克服企业对外直接投资可能存在"自选择效应"的样本选择偏差和解决遗漏变量产生的内生性问题，准确衡量企业对外直接投资所带来的产能过剩下降程度。本章还进一步考察了对外直接投资在过剩行业和非过剩行业对产能过剩影响的差异，以及对外直接投资的规模效应和滞后效应，最终得到稳健性结论。

第八章：中国制造业产能过剩治理的长效机制分析。从"一带一路"倡议、市场化法治化机制以及产能共享机制出发，考察产能过剩治理政策的最新发展，为我国制造业构建产能过剩治理的长效机制提出建议。

第九章：主要结论与政策建议。在总结本书主要工作及研究结论的基础上，结合我国制造业产能过剩的现实情况，指出本书研究结论的政策含义。并且，本书基于创新驱动发展战略视角和鼓励企业对外直接投资的"走出去"战略视角，为我国科学治理制造业产能过剩提出新的思路。

第五节　创新点与不足

一　本书的创新点

产能利用不足的现实背景，引发了大量学者对我国产能过剩的现状、形成机制及治理对策展开了研究，本书的研究内容也不落俗套，依然从这三方面展开讨论。但本书建立在现有文献、国内外产能过剩的相关理论大量比较的基础上，在产能过剩测度、成因分析及治理对策研究方面都具有独到之处。换言之，本书主要创新之处是考虑到经济新常态下我国制造业产能过剩的复杂特征和产能过剩治理任务的艰巨性，提出产能过剩治理要结合促进产业结构升级的创新驱动发展战略和鼓励企业对外直接投资的"走出去"战略，通过严谨的理论分析和实证研究，为研发创新、对外直接投资治理产能过剩提供科学依据和具体措施，实现我国制造业的"稳定方式"去产能。具体而言，本书主要有以下几点创新。

（1）产能过剩内涵理解与测度方法的创新。国内文献主要将潜在产能定义为成本最优的产出水平，但该定义下的产能过剩建立在微观经济理论的垄断行为的基础上，这与我国制造业产能过剩的现状不符，并且测度十分依赖要素价格数据，容易导致测度结果产生偏差。我们遵循 Klein 和 Perry（1973），Kirkley、Paul 和 Squires（2002），Shaikh 和 Moudud（2004）的思路，将潜在产能视作不可任意处置的生产要素充分利用情况下的产出水平，即我们认为产能过剩是企业对不可任意处置资源的闲置和对前沿技术的未充分利用，在此定义下我们可以利用生产函数测度产能利用率[①]。因此，我们在测度产能利用率时主要采用有经济理论支持、数据容易获得、可以规避价格与成本等测量误差以及在模型检验和结果评价上有优势的随机前沿生产函数法。在制造业分行业产能利用率过剩测度中，将随机前沿生产函数法结合峰值法，提出采用固定效应随机前沿生产函数法来测度制造业分行业"真实的产能利用率"。在测度制造业省域产能利用率时，利用各省份分行业的投入产出数据，用行业产值加权方法计算得到省域层面的产能利用率，保证了省域产能过剩测度的合理性。本书在测度微观企业的产能利用率时，结合了新闻媒体、微观经济理论定义的产能利用率，将产能利用率分解为供给端产能利用率和需求端产能利用率。

（2）产能过剩研究方法的创新。本书基于行业层面和省际层面的视角，对我国制造业产能过剩的成因展开了深入探讨：在行业层面的影响因素分析过程中，本书对产能过剩的直接原因、形成渠道以及根本原因的三层次成因展开分析，并讨论产能过剩治理机制——研发创新的影响；在省际层面的影响因素分析过程中，本书考虑了地区间需求市场重叠、产能相互转移、产品销售互相竞争等问题，构建了包含联动效应和传染效应的动态面板空间模型以探讨产能过剩的成因。经过产能过剩的影响因素分析，我们有两个核心发现：制造业研发创新化解产能过剩的机制尚未奏效，对外直接投资有利于化解制造业产能过剩。为此，我们进一步采用倾向得分匹

[①] 国内文献对产能利用率的探讨和政府治理产能过剩的目标主要基于资源浪费的视角，而西方学者较少从资源浪费的视角考察产能利用率，为此，我们的研究不应该简单套用基于成本角度定义的产能利用率测度方法。

配法、工具变量回归、联立方程组模型、倍差法以及系统 GMM 估计等现代微观计量方法，设计了严谨的因果关系检验程序，探讨研发投入、对外直接投资与产能利用率的因果关系。本书实证研究设计的严谨性和科学性保障了本书研究结论的可靠性，既丰富了产能过剩的相关理论，也可以为相关实证研究提供方法上的参考。

（3）产能过剩问题及其治理对策研究视角的创新。学界、新闻媒体以及政策研究报告中频繁出现通过强化企业的创新能力和鼓励企业进行对外直接投资的方式化解制造业产能过剩，但是基于创新能力、对外直接投资视角研究产能过剩成因和治理对策的文献并不多。现有文献普遍从需求冲击、体制性扭曲、要素价格扭曲以及固定资产投资等视角讨论我国制造业产能过剩的成因，并没有很好地解释 2012 年以来我国制造业产能利用率持续下滑的现状。本书弥补了这一研究领域的空白，基于创新能力视角探究我国制造业产能过剩的形成，并提出研发创新和对外直接投资化解产能过剩的新思路和政策建议，为充分利用创新驱动发展战略和"走出去"战略治理产能过剩提供科学依据以及具体措施。所以说，本书在产能过剩问题及其治理对策研究方面具有明显的创新。

二 本书的局限性

限于个人精力、研究重心等问题，本书的研究可能还存在以下几点不足。

（1）缺乏产能过剩不同测度方法的比较研究。本书指出，由于现有文献关于产能过剩含义理解的差异以及通过不同方法测度得到的产能利用率含义的差异，不同学者对我国制造业产能过剩的判断尚存争论，但是，本书并没有对不同方法的测度结果进行比较和分析。本书的第二章指出基于生产函数方法或者协整方法测度得到的产能利用率更为可靠，并且也更符合国内关于产能过剩含义的主流观点和产能过剩的治理目标。但是，如果进一步对各种测度方法的测度结果进行比较，就可更为直观地了解各种测度方法的差异，以找到现有文献关于产能过剩现状以及成因研究结论迥异的根源。

（2）未考察企业创新活动、对外直接投资活动的溢出效应。本书的核心内容是从微观层面出发，研究企业创新活动、对外直接投资活动对企业产能利用率或者产能过剩的影响，并识别因果关系。但是，企业创新活动和对外直接投资活动还会对其他企业的经营、技术创新等产生影响，如果进一步考察企业创新活动、对外直接投资活动的溢出效应，就可以深化我们对创新驱动发展战略和"走出去"战略治理产能过剩的认识。

（3）第七章缺乏对外直接投资对产能过剩影响机制的实证检验。本书在理论机制分析中阐述了对外直接投资会通过出口贸易、逆向知识溢出、国际市场竞争以及投资替代等渠道影响企业的产能过剩，但是并没有验证理论机制是否成立，这将是我们进一步研究的方向。

（4）产能过剩治理对策研究并没有结合细分行业的特征。不同的制造业细分行业的产能过剩可能具有不同的特征以及形成机理，而本书缺乏对细分行业的具体讨论。当然，我们做了一些尝试性工作：分行业测度了制造业的产能利用率，并进行简要分析；在分析创新因素、对外直接投资因素对产能过剩影响时，考虑了过剩行业与非过剩行业的异质性；针对战略性新兴产业的产能过剩进行研究与讨论。总体而言，针对不同行业产能过剩问题形成机理、判断标准与治理政策的深入探讨可能是未来产能过剩治理研究的重心，也是我们进一步展开研究的方向。

第二章 产能过剩的定义、测度方法及形成机理

第一节 产能过剩的定义

一般而言，产能过剩是指在一定的技术水平下，专用设备和专用固定资产、特定用途的原材料、特殊技能的劳动力等不可任意处理的要素投入所决定的最大产出能力，远远超过市场需求决定的最优供应量的现象。投资形成的各种专用设备资产或者特定用途的设备设施难以转作其他生产活动或者其他用途，造成"产能过剩"状态。通常工业领域具有较多的特定用途的资产，产能过剩一般也存在于工业制造业领域。

在微观经济理论层面，产能过剩是指企业的实际产出小于其潜在产出或者产能产出，通常使用产能利用率（实际产出与潜在产出的比值）来衡量。但是，不同学者对潜在产出的界定存在差异，从而对产能过剩的界定以及测度也存在一定的争议，微观经济理论层面主要从成本角度和生产角度定义潜在产出。Chamberlin（1933）在《垄断竞争理论》一书中最早提出"产能过剩"的概念，认为产能产出是完全竞争均衡条件下的产出水平。Berndt 和 Morrison（1981）、Berndt 和 Fuss（1986）、Hulten（1986）、Paul（1999）和 Nelson（1989）等认为完全产能产出应该被定义为平均成本最优的产出，即

在生产要素价格一定条件下，使得企业实现短期（或长期）平均总成本最小的产出。Coelli、Grifell-Tatjé 和 Perelman（2002）提出可以考虑用企业利润最大化条件下的产出来度量产能产出，基于利润最优的产出本质上等同于平均成本最优估算的潜在产出。因此，一共有两种基于成本视角定义的产能过剩：①垄断形成的产能过剩，即在完全竞争市场情况下不存在产能过剩；②企业偏离平均成本最优产出的产能过剩。在垄断竞争市场处于长期均衡条件下，图2-1展示从成本角度定义两种潜在产出和产能过剩。在图2-1中，垄断形成的过剩产能为 B，而企业偏离平均成本最优产出的过剩产能为 A，在垄断竞争市场假定下，两者存在一定的差异。

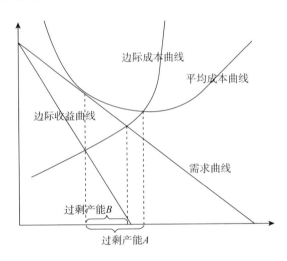

图2-1　从成本角度定义的产能过剩

注：垄断竞争市场的假定最符合现实情况，本书并不详细展开均衡讨论和分析。

也有学者试图从生产侧角度定义潜在产出水平，认为产能过剩是不可任意处置要素投入的闲置或者未充分利用。Klein 和 Perry（1973）认为产能过剩本质上是由固定要素不能根据实际需要做出调整所导致的，将产能产出定义为在正常投入的情况下（不存在延长机器设备工作时间），使用固定要素所能达到的最大化产出水平。

Shaikh 和 Moudud（2004）将产能产出定义为使用固定资本存量所能够达到的正常产出，并且认为产能产出与固定资本存量存在长期协整关系。Kirkley、Paul 和 Squires（2002）在区分存量要素投入、可变要素投入和可控生产条件（技术条件、环境条件）的基础上，将产能产出定义为存量要素投入和可控生产条件（技术条件、环境条件）约束下所能够实现的最大产出[①]。实际上，Klein 和 Perry（1973），Kirkley、Paul 和 Squires（2002），Shaikh 和 Moudud（2004）定义的潜在产出均是指不可任意处置要素投入充分利用下的产出水平，区别在于对不可任意处置要素投入的认定范围不同。图 2 - 2 展示从生产侧角度定义的产能过剩，K 为不可任意处置的特定要素投入，R 为可任意处置的要素投入，E 点为不可任意处置的特定要素投入 K 下的实际产出，$F（K，R）$ 是可变要素约束条件下的潜在产出，$H（K）$ 是可任意处置的要素投入 R 调整到最优状态下不可任意处置的特定要素投入 K 所能实现的潜在产出。$H（K）$ 和 $F（K，R）$ 的差距可以定义为设备闲置 C，E 和 $F（K，R）$ 的差距为效率损失 D。一种观点认为过剩产能为设备闲置 C，另一种观点认为过剩产能为 $C + D$，而将设备闲置 C 和效率损失 D 都视作过剩产能更为符合充分利用资源要素投入、改善企业经营效益的产能过剩治理目标。

从成本角度定义的产能过剩至少存在三个问题，并不符合国内学者对产能过剩的理解和政府产能过剩治理目标：第一，从成本角度定义的产能过剩是均衡状态的产能过剩，是企业经济决策的理性行为，意味着企业在处于长期均衡状态下依然存在产能利用不足问

[①] 需要注意的是，该定义将技术非效率作为未利用产能的一部分，有的学者认为随机前沿生产函数法和数据包络分析法估计的产能利用率会低于实际的产能利用率，也有学者认为产能利用率应该包含设备利用率和技术效率，随机前沿生产函数法和数据包络分析法估计的产能利用率即实际值，我们遵循第二种思路。进一步理解可以参考张少华、蒋伟杰《中国的产能过剩：程度测算与行业分布》，《经济研究》2017 年第 1 期；董敏杰等《中国工业产能利用率：行业比较、地区差距及影响因素》，《经济研究》2015 年第 1 期。

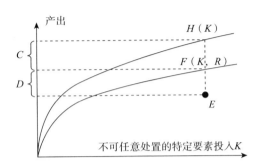

图2-2 从生产侧角度定义的产能过剩

题；第二，潜在最优产出的推导依赖于对企业生产决策的严格假设，成本函数法下实际产出与潜在最优产出的偏离，可能是研究假设相对于企业实际决策信息和方式的偏离[①]；第三，当企业面临产能过剩问题时，并不存在产品价格偏低、利润下滑等问题。国内学界、媒体以及政府关注的产能过剩是生产要素使用不充分、价格持续下滑、企业盈利能力不足等问题，产能过剩治理的目标也是提高资源要素配置效率、提高企业的盈利能力，因此，基于成本角度定义的产能过剩并不符合国内学者对产能过剩的理解和政府产能过剩治理目标，而将产能过剩定义为不可任意处置要素投入的闲置或者未充分利用可能更为合理。在实际研究过程中，产能过剩一般被表述为企业的实际生产能力超过市场有效需求、超过正常期望水平的状态（钟春平、潘黎，2014；杨振兵，2015；国务院发展研究中心《进一步化解产能过剩的政策研究》课题组等，2015）。杨振兵（2016）将市场有效需求与实际生产能力比值分解为生产端产能利用率和需求端产能利用率，并且用企业的工业产品销售率（工业销售产值／工业总产值）衡量需求端产能利用率，生产端产能利用率则用微观理论定

义的产能利用率衡量。实际上，实际产出水平已经考虑了市场需求情况后的产出调整，用实际产出和潜在产出的比值足以衡量产能利用率。我们通过数据分析也发现，中国工业产品销售率一直相对稳定且接近100%，进一步说明生产端产能利用率足以衡量实际生产能力超过市场有效需求的情况。此外，由于产能过剩伴随着库存持续上升、产品价格大幅度下跌、行业利润率下滑、资产回报率下降和金融风险不断扩大等现象，国内学者还经常综合以上指标测度或者预警行业产能过剩现象（王立国等，2011；卢锋，2009；冯梅、陈鹏，2013）。

与上述学者提出的经济学意义的产能产出不同，Smithies（1957）基于工程学角度定义了产能产出，认为产能产出是现有设备正常运行条件下，配合轮班制所能实现的产出，还有许多学者提出了类似的工程学意义上的产能利用率。Shaikh和Moudud（2004）在总结归纳后，提出区分经济学意义上的产能和工程学意义上的产能是非常重要的。经济学意义上的产能是给定固定资产下期望的产出水平，更符合我们的研究目标，现有学者也普遍认为经济学意义上的产能利用率才是有意义的（钟春平、潘黎，2014）。

也有文献认为应该从宏观层面、中观层面和微观层面三个角度定义产能过剩：在微观层面，产能过剩是指企业的实际产出低于生产能力达到一定程度；在中观层面，产能过剩是指某一特定行业的实际产出低于该行业的潜在产出达到一定程度；在宏观层面，产能过剩是指经济运行达到期望的产出水平，导致生产要素闲置的现象。这种从形式上将产能过剩界定为宏观、中观和微观三个层面的产能过剩，指出了产能过剩形成的不同层次。但是，从内涵上来看，三个层次的产能过剩均是指实际产出小于其潜在产出或者产能产出。基于以上分析，本书所涉及的产能过剩就是指微观经济理论层面定义的实际产出小于潜在产出的现象，并基于生产侧角度定义潜在产出为不可任意处置生产要素在充分利用状态下的产出。

第二节 产能过剩的测度方法

中国统计部门并没有完整的制造业产能过剩程度的统计体系，理论上也缺乏产能过剩的测度方法，产能过剩更多地为产能利用率替代，产能利用率的衡量和测度也更为中性和客观。产能利用率越小，意味着产能过剩的程度越严重。目前，测度产能利用率的方法主要可以分为两大类：一类是直接测度法，采用调查统计的方法直接取得企业产能利用率的指标数据，即统计调查法；另一类是间接测度法，这种方法的基本思路是先利用一定的计量模型估算出潜在产出水平，然后利用实际产出与潜在产出之比来测算产能利用率，具体包括峰值法、成本函数法、生产函数法、随机前沿生产函数法、协整方法和数据包络分析法。接下来，我们简单介绍相关测度方法及应用情况。

1. 统计调查法

统计调查法作为一种实地调查法，是衡量产能利用率较为客观和权威的方法，但需要耗费大量的人力、物力和财力，较少被学者使用。当然，统计调查法面临调查对象对自己行为偏好和最优解释存在不一致性的问题（程俊杰，2015b），在实际使用中需要谨慎对待。目前，采用统计调查法衡量中国工业企业产能利用率的权威机构主要有中国人民银行、国家统计局和世界银行。中国人民银行并不是直接测算工业产能利用率，而是利用对全国（除西藏外）5000多家工业企业进行的季度调查结果计算了设备能力利用指数。设备能力利用指数并不能够直接衡量企业产能利用的绝对水平，却能够很好地反映产能利用的变化情况，并且时间序列可以追溯至 1991 年，是考察中国产能利用水平最为可靠和权威的数据。国家统计局从 2006 年开始通过工业企业联网直报系统进行工业企业生产经营状况及趋势判断专项调查，其中就包含工业企业产能利用率的季度调查，并于 2009 年对工业企业产能利用率调查进行了完善。但是该数据并未正式地、系统地发布，因此我们只能通过官方报道获得部分调查结果。世界银行关于中国营商环境调查数据库中包含了企业产能利用率指标，也是目前仅有的涉及中国企业产能利用率指标的微观数据库，缺点是只包含了 2002～2004 年的数据以及 2011 年民营企业的数据。世界银行这一微观数据库是目前能够获得的关于中国微观企业产能利用率最为权威的数据库，国内大量学者使用世界银行的调查数据对产能利用影响因素进行分析，如张龙鹏和蒋为（2015）、干春晖等（2015）、罗美娟和郭平（2016）、Tian（2016）。

2. 峰值法

诺贝尔经济学奖 Klein 和 Perry（1973）首次提出使用峰值法测度产能利用率，该方法假定在峰值年份的产能得到充分利用，经济运行的产能利用率为 100%，在非峰值年份的产能并没有得到充分利用，需要依照历史的峰值进行推算。峰值法的优点是只需要利用单投入和单产出数据就可以估算出经济运行的产能利用率，但是历史时期和峰值的选择都具有较大的主观性。实际上即使产量达到峰值，产能也未得到充分利用，即存在所谓的"弱高峰"（Phillips，1963），如果将"弱高峰"的产能利用率处理为 100%，那么估算结果高估了经济运行的产能利用率，测度结果的可信度大大降低。

3. 成本函数法

成本函数法是利用成本函数测度产能利用率，以根据成本函数最优估算潜在的产出水平，是学术界运用最为广泛的产能利用率估算方法之一，被国内学者广泛运用。成本函数法能够综合考虑各种生产要素对产出的影响，是微观理论依据最为充分的产能利用率测度方法（Klein，Preston，1967；Berndt，Morrison，1981）。假定企业的短期可变成本为 $VC = VC(Y,K,P_L,T)$，P_L 为劳动力价格，企业的平均成本是固定成本和短期可变成本的和除以总产出：

$$SATC = (VC + TFC)/Y = VC/Y + r \times K/Y \qquad (2.1)$$

潜在产出被定义为平均成本最小对应的产出水平，即对平均成本求导：

$$\frac{\partial SATC}{\partial Y}\Big|_{Y=Y^*} = \frac{1}{Y^*} \times \left(\frac{\partial VC}{\partial Y^*}Y^* - VC\right) - \frac{r \times K}{Y^{*2}} = 0 \qquad (2.2)$$

对式（2.2）进行处理转化，可以进一步得到：

$$\partial \ln VC/\partial \ln Y^* = 1 + r \times K/VC \qquad (2.3)$$

从式（2.3）可知，如果已经知道了短期可变成本 VC 的具体形式，我们就可以进一步得到潜在产出，产能利用率为 Y/Y^*。通常，短期可变成本函数会被定义为诸如超越对数形式的短期可变成本函数，并利用投入、价格以及产出数据，用计量方法估计出成本函数，最后带入式（2.3）计算潜在产出和产能利用率。孙巍等（2008）、韩国高等（2011）最早利用成本函数法测度了中国工业行业的产能利用率，赵宝福和黄振国（2014）、刘航和孙早（2016）参考韩国高等（2011）的方法，也采用成本函数法进行了产能利用率的测度与分析。

成本函数法在产能利用率测度领域被广泛运用，但存在以下几点问题：第一，成本函数法测度的产能利用率是基于成本函数法定义的产能过剩，该定义下的产能利用率并不符合国内学者对产能过剩的理解和政府产能过剩治理目标；第二，成本函数法测度产能利用率的计算方法较为复杂，计算方程通常没有解析解（Closed-Form Expression），需要迭代计算具体数值，测度结果容易出现偏误；第三，成本函数法还面临成本函数形式的确定以及投入要素种类的划分等几个重要挑战，在实际操作中较为困难；第四，中国资源要素价格长期处于扭曲状态且难以获得生产要素价格数据，成本函数法的测度结果容易出现较大偏差（杨振兵，2016）。甚至有学者认为，用成本函数法测度产能利用率本身就存在缺陷与偏差（Demsetz，1959；Klein，1960）。

4. 生产函数法

生产函数法是通过估算要素投入充分利用下的潜在产出，计算产能利用率，通过引入时间趋势项还可以进一步考虑技术进步对潜在产出的影响。生产函数法以生产理论为基础，并且只需要投入和产出需求，避免成本函数法对价格数据的苛刻要求，是稳健性较高的产能利用率测度方法。此外，生产函数法测度的产能利用率可以消除各生产环节不同企业间的产能差异，测度结果具有较高的可比性（郭庆旺、贾俊雪，2004）。假定函数形式为科布－道格拉斯生产函数形式，生产单元的实际产出可以表示为：

$$Y_{i,t} = f(K_{i,t}, L_{i,t}) = AK_{i,t}{}^{\alpha}L_{i,t}{}^{\beta}e^{-u_{it}} \tag{2.4}$$

其中，i、t 分别表示生产单元、时间，A、K 和 L 分别表示技术水平、资本存量以及劳动投入，$e^{-u_{it}}$ 表示产能利用率。对式（2.4）取对数，可以得到：

$$\ln Y_{i,t} = \ln A + \alpha \ln K_{i,t} + \beta \ln L_{i,t} - u_{it} \tag{2.5}$$

将生产函数进行转换，可以得到待估计的计量方程：

$$\ln Y_{i,t} = a + \alpha \ln K_{i,t} + \beta \ln L_{i,t} + \varepsilon_{it} \tag{2.6}$$

其中，$a = \ln A - E(u_{it})$，$\varepsilon_{it} = E(u_{it}) - u_{it}$。通过估计出相关参数，可以计算潜在产出 $\ln Y_{it}^* = \bar{c} + \bar{\alpha}\ln K_{it} + \bar{\beta}\ln L_{it}$，$\bar{c}$ 为调整得到的 $\ln A$，产能利用率 $CU_{it} = Y_{i,t}/Y_{it}^*$。另一种思路是利用估计出的残差项并进行适当调整，直接计算产能利用率 $CU_{it} = e^{-\bar{\varepsilon}_{it}}$，$\bar{\varepsilon}_{it}$ 为调整后的残差项。余东华和吕逸楠（2015）、王辉和张月友（2015）采用生产函数法对战略性新兴产业的部分企业产能利用率进行测度。

现有文献普遍认为生产函数法测度产能利用率存在以下三方面的缺陷：第一，生产函数形式的具体设定较为困难；第二，投入要素种类的选取面临权衡，从而导致测度结果存在较大差异；第三，无法分离统计噪声的影响，可能导致测度结果有偏。然而，生产函数形式设定的多样性也可以被认为是生产函数的一种优势，通过设定不同形式的生产函数可以比较测度结果的稳健性，相反，其他测度方法往往缺乏提供比较的测度结果。此外，我们还可以通过计量方法对模型设定进行检验，从而保证模型设定的合理性。

5. 随机前沿生产函数法

随机前沿生产函数法建立在生产函数法的基础上，旨在处理生产函数法的统计噪声对产能利用率测度结果的影响。随机前沿生产函数一般表示为：

$$Y_{i,t} = f(t, X_{i,t})exp^{v_{it}-u_{it}} \tag{2.7}$$

其中，v_{it} 为随机误差项，u_{it} 为无效率项。对式（2.7）取对数，可以得到：

$$\ln Y_{i,t} = \ln f(t, X_{i,t}) + v_{it} - u_{it} \tag{2.8}$$

通过具体设定 $f(t, X_{i,t})$ 的形式，可以估计出随机误差项 v_{it} 和无效率项 u_{it} 的复合残差项 $v_{it} - u_{it}$，进一步采用 JLMS 技术可以分离出无效率项，产能利用率用技术效率项表示。程俊杰（2015a）、杨振兵（2015，2016）、曲玥（2015）等采用随机前沿生产函数法进行了产能利用率测度和分析。

随机前沿生产函数法继承生产函数法的所有优点，具有经济理论支持、数据容易获得、可以规避价格与成本等测量误差以及在模型检验和结果评价上有优势。当然，随机前沿生产函数法还存在无效率项结构形式的设定、一步法与两步法的选择、生产单元是否存在个体异质性以及个体异质性与持久无效率的分离三大问题（Greene，2004，2005；Kumbhakar，Lien，Hardaker，2012；Wang，Ho，2010；Parmeter，2014），在实际测度中需要谨慎处理。国内实证研究者对随机前沿生产函数法的模型设定主要停留在 Aigner、Lovell 和 Schmidt（1977），Battese 和 Coelli（1992），Battese 和 Coelli（1995）等经典文献基础上，同时，由于缺乏对随机前沿理论与方法的理解，忽视模型设定对生产效率、技术进步等测度结果含义的影响，文献中频繁出现随机前沿生产函数法的错误使用和测度结果的错误解读。

6. 协整方法

基于产能产出与固定资本存量之间存在长期稳定关系的假定，Shaikh 和 Moudud（2004）提出了利用协整方法测度潜在产出水平，从而利用实际产出和潜在产出计算产能利用率。假定 $Y(t)$ 为实际产出，$Y(t)^*$ 为潜在产出，$K(t)$ 为资本存量，产能利用率 $u(t) = Y(t)/Y(t)^*$，资本产能比率 $v(t) = K(t)/Y(t)^*$，实际产出可以表示为：

$$Y(t) = [Y(t)/Y(t)^*/K(t)] \times K(t) = [u(t)/v(t)] \times K(t) \quad (2.9)$$

对式（2.9）取对数：

$$\ln Y(t) = \ln K(t) + \ln u(t) - \ln v(t) \quad (2.10)$$

假定实际产出围绕长期均衡产出上下波动，那么产能利用率围绕 1 波动。如果令 $\ln u(t) = e_u(t)$，则可以认为 $e_u(t)$ 为均值为 0 的随机误差项。假定 $K(t)$ 的增速和实际产能存在稳定的关系，即资本存量的增速取决于时间趋势 t 和产能产出，进一步考虑到误差项，可以得到资本产能比：

$$\ln v(t) = b_0 + b_1 t + b_2 \ln K(t) + e_v(t) \tag{2.11}$$

我们有：

$$\ln Y(t) = a_0 + a_1 t + a_2 \ln K(t) + e(t) \tag{2.12}$$

其中，$e(t) = e_u(t) - e_v(t)$，意味着 $\ln Y(t)$ 与 $\ln K(t)$ 存在协整关系。我们可以通过协整方法估计参数 a_0、a_1 和 a_2，可以计算出 $Y(t)$ 的拟合值，由于长期的均衡产出可以被视作潜在产出水平，则可以将 $Y(t)$ 的拟合值视作潜在产出，即我们可以进一步得到产能利用率。协整方法可以避免具体函数形式设定的主观性，但由于缺乏微观经济理论基础，因此在使用上存在诸多争议。由于协整方法使用的数据要求较低，一小部分国内学者采用协整方法对中国工业行业的产能利用率进行测算和分析。程俊杰（2015b）、何蕾（2015）分别采用协整方法测度了中国分省份、分行业的产能利用率。

7. 数据包络分析法

数据包络分析法是一种非参数估计方法，利用生产前沿面估计企业的潜在产出，接着用实际产出和潜在产出之比作为产能利用率。数据包络分析法和随机前沿生产函数法作为测度效率的两大经典方法，在学术界得到广泛运用。但是，数据包络分析法缺乏测度结果的检验和评价方法，此外，忽视不同生产要素的替代弹性还可能高估了产能利用率（张林，2016）。董敏杰等（2015）对该方法在工业产能利用率领域的应用做了充分解释，由于该方法与随机前沿生产函数法比较类似，本书不做进一步的阐述。

以上 7 种产能利用率的测度方法各有自己的优劣势，并且学术界也并没有统一哪种测度方法更好。在实际研究过程中，我们应综合考虑样本特征、数据可得性、历史背景以及研究目标等多种因素，从而选择相对合理且符合自己研究目标的估算方法。潜在产出的估算方法还有 AK 函数法、H－P 滤波法、向量自回归方法等，它们的应用相对较少，且主要思路都是通过估算潜在产出进而计算产能利用率。国内学术界对产能过剩的测度思路进行了运用和丰富，主要有两种思路：第一，选取国外学者提出的方法对产能利用率进行估算，直接用产能利用率衡量产能过剩；第二，利用产能利用率、企业存货水平、产品价格、资金利润率和企业亏损面等指标，通过建立综合指标体系来衡量产能过剩。

第三节　产能过剩的决定因素及形成机理

国内外文献关于产能过剩的决定因素及形成机理的理论主要可以归纳为以下三种："经济周期论"、"市场因素论" 和 "政府干预论"。

1. 经济周期论

大量实证研究和现实数据表明，产能利用率具有很强的顺周期性特征，经济周期下行引发国内市场和国外市场的需求冲击，造成企业 "非意愿性" 产能闲置，形成周期性产能过剩，中国出现的产能过剩至少是由周期性与非周期性因素共同导致的（王文甫等，2014；程俊杰，2015a；董敏杰等，2015）。当经济增长减缓时，市场对制造业产品需求下降，企业的意愿产出也随之减少，企业有两种途径抑制其实际产出水平：一是通过削减投资、裁员等方式抑制产能规模；二是保持产能不变、降低产能利用率。如果企业资本、劳动力、土地等生产要素调整成本较低，企业就可以通过缩减产能的方式、"小而高效"的模式、"越冬"的模式"越冬"。事实上，市场调节机制和政府干预措施均会引致企业倾向于通过降低产能利用率的途径缩减实际产出。

可以说，中国的产能利用率波动表现出非常强的顺周期性特征，但是经济周期带来的需求冲击不仅会直接导致周期性产能过剩，而且会暴露出体制性产能过剩和结构性产能过剩。国内有学者将需求冲击下产能过剩都视作周期性产能过剩（何蕾，2015），判定在2008年金融危机背景下，中国产能过剩表现为企业非意愿性产能闲置，忽视了需求冲击是暴露体制性产能过剩和结构性产能过剩的直接原因，低估了此轮产能过剩的严重性。当然，尽管产能利用率和经济增长率表现出非常强的正相关关系，但多数研究还是坚持经济周期因素不是中国产能过剩的主要成因，经济衰退的确会加剧产能过剩，但这种不利冲击是由企业在繁荣期的战略误判或政府应对经济下行的应对措施所导致的。吴言林等（2013）认为，经济处于下行周期时，政府逆周期的经济调控政策会刺激银行向国有企业、大型企业超量投放信贷，这会加速信贷资源扭曲，最终出现产能过剩问题。孙巍等（2008）认为，经济处于繁荣状态时企业的投资快速增长，经济不景气时投资退出机制受到干扰，经济下行时出现产能过剩问题。

2. 市场因素论

市场因素论对产能过剩的解释可以分为两类：第一，企业主动地保持一定的产能过剩，这可能是企业在获取不完全信息状态下为了应对经济波动和需求变化等不确定性因素的理性选择，也可能是企业出于策略性竞争；第二，市场机制失灵导致的产能过剩，这主要是由市场微观主体在投资决策过程中总量信息不足和有限理性不足而进行大量重复投资导致的，以林毅夫（2007）的投资"潮涌"思想为代表。Blinder（1982）认为在存在不完全信息的情况下，企业会选择"窖藏"产能以确保供给的灵活性，使其能够更好地应对市场需求扩张，并且产能的"窖藏"成本通常低于存货成本，在存在不完全信息条件下保持一定的产能过剩是企业理性选择的行为。孙巍等（2008）基于厂商应对宏观经济波动视角，指出企业出于战略考虑会加大要素投入以用于"窖藏"，并利用1992~2005年的省际面板数据验证了这一结论。Ishii Jun（2011）利用美国石油和天然气开采企业的面板数据进行研究发现，企业为了应对不确定需求、避免生产成本的非凸性以及阻碍潜在竞争者进入，具有维持产能过剩的动机。罗美娟和郭平（2016）认为政策不确定性会增加市场不对称信息从而降低企业的产能利用率，其利用世界银行调查数据进行进一步实证研究发现，政策不确定性的确对企业的产能利用率有显著的负向影响。企业应对市场需求的不确定或者为了避免潜在竞争者进入以保持产能过剩是企业的主动行为，对宏观经济运行并不存在危害，在很大程度上还有利于经济的平稳运行。

相较于企业策略性产能过剩，市场失灵引发的产能过剩对经济增长的危害性更大，国内学者更为关注市场失灵对产能过剩的作用机制。林毅夫等（2010）指出，在信息不对称情况下，发展中国家企业容易对一些快速发展的行业产生良好前景的共同预期，金融机构会因"羊群效应"进一步支持这些行业的产能扩张，导致企业投资向这些行业过度集中，造成投资的"潮涌现象"，市场一旦出现不利情况，产能过剩危机就出现。"潮涌"理论基于微观企业投资决策的视角，认为产能过剩来源于"信息不对称"和"企业战略共识"，有一定的合理性，但不太可能解释中国的产能过剩问题。尽管企业在识别"前景产业"上可能会形成共识，但企业在投资决策时不可能不考虑"前景产业共识"所带来的市场风险，投资"潮涌"假说未必成立（杨振，2013）。此外，即使在行业扩张的初期，大量企业会尝试在前景产业大量投资，但市场的优胜劣汰机制会很快让低端的过剩产能退出。从中国产能过剩治理政策的实施效果来看，基于市场失灵假说的政府干预微观经济主体投资行为的治理政策不仅没有改善产能过剩，反而引发一系列不良政策反应，恶化了产能过剩（江飞涛、曹建海，2009；江飞涛等，2012）。因此，市场因素的确会导致企业的产能利用率低于100%，但不应该被认为是中国产能过剩严重现状的主要原因。

3. 政府干预论

学界的主流观点认为，特殊转轨体制下的政府不当干预是我国产能过剩的根源。政府干预企业的自主投资行为以实现自身的目标，同时通过体制性扭曲使企业不必为闲置产能付出过高代价，这种"产能扩张快速、利用率偏低"投资驱动的工业发展模式虽然隐含着巨大的风险和效率损耗，但有利于增加参与决策的市场主体及政府部门的显性利益，因此，政府干预导致的产能过剩在中国一直存在。

政府不当干预解释中国的产能过剩的理论主要可以分为三个层次。第一，政府的地方保护主义导致地区间出现大量重复投资和产业结构趋同，形成产能过剩。贾润崧和胡秋阳（2016）研究发现，在2008年金融危机以前，地方政府的重复性产业建设会带来市场分散、缩小企业规模，而市场过于分散、企业规模过小是导致产能过剩现象的主导因素。第二，地方政府之间的竞争是产能过剩的重要原因，地方政府为了吸引投资和促进地方经济增长，通过压低用地的价格，提供信贷资源便利、税收优惠以及投资补贴等方式鼓励企业产能扩张，从而造成产能过剩现象（余东华、吕逸楠，2015）。第三，产业政策的激励扭曲导致相关产能过剩形成（程俊杰，2015a），但是国内学者就产业政策对产能利用率的影响并没有达成一致。白让让（2016）研究发现，政府在需求和使用环节的减税和补贴政策，使乘用车需求重回高速增长的状态，延缓了产能过剩问题的爆发。总体而言，大多数学者都支持政府干预是中国产能过剩的根源，降低政府对市场的干预程度、提高政府扶持产业政策的合理性以及发挥市场机制在资源要素配置中的核心作用，是化解我国产能过剩的根本出路。

第四节　中国新一轮产能过剩成因及治理对策的思考

我国新一轮的产能过剩产生于 2008 年金融危机，并伴随着经济发展阶段转换时期导致的国内增长速度放缓。2012 年以来，此轮产能过剩矛盾进一步凸显：一方面是我国为了应对 2008 年金融危机，采取了 4 万亿元投资计划引致产能持续释放，制造业的生产能力进一步提高；另一方面，我国制造业面临的国内需求因素、供给因素以及国际环境因素发生了巨大变化，传统低端制造业的生产能力不能满足需求结构的不断升级。可以说，制造业面临的国内外环境的变化是我国制造业当前产能过剩问题持续恶化的根源，产能过剩是我国制造业没有及时转型所必须付出的代价。制造业面临的国内外环境主要变化如下。

（1）我国的需求结构处于转换升级阶段，制造业需求疲软导致产能过剩问题持续恶化。一方面，我国经济发展阶段进入换挡时期的"新常态"，传统低技术含量的固定资产投资需求大幅下降，尤其是民间投资增速下滑严重（刘树成，2016），投资需求出现严重不足；另一方面，我国已经由消费需求快速扩张期进入了需求结构调整期，居民的消费领域从物质需求向服务需求扩延，消费层次从同质化低端产品的需求向多元化高端产品的需求转变，消费需求结构变化导致我国制造业当前的生产能力出现过剩。

（2）国内资源要素成本上升挤压制造业企业生产活动的利润空间，盈利能力下滑导致企业产能利用意愿降低。要素成本冲击引发企业利润下滑的解决措施是完善市场退出机制，但是，企业退出市场后依然难以寻找新的投资机会，企业试图通过增加政府支持的新兴产业和新生产环节的产能，以获得利润或者控制市场。然而，我国制造业缺乏核心竞争力，所谓的新兴产业依然存在技术含量和创新不足等问题，企业寻求生存的投资会导致产能过剩在各行业蔓延。

（3）国际经济环境在持续恶化，导致制造业竞争压力加剧，不确定性增加，对我国制造业有非常不利的影响。第一，自2008年金融危机以来，全球经济增长缓慢、需求疲软，以"英国脱欧""特朗普当选"等事件为代表的全球贸易保护主义趋势形成；第二，以东南亚国家为代表的新兴国家经济快速发展，我国制造业竞争力和成本优势持续下滑；第三，新一轮工业革命兴起，各国之间更为注重在制造业领域的较量，全球产业结构正经历重新调整。

为此，我国新一轮产能过剩是在资源要素成本不断提高、国内需求结构不断升级、全球产业结构重新调整背景下产生的，根本原因是传统低端制造业的生产能力不能满足新形势下的市场需求，产能过剩的本质是制造业的创新能力不足、制造业缺乏核心竞争力。不同以往的产能过剩，此轮产能过剩表现为全局性、复杂性以及长期性特征，产能过剩治理任务更为艰巨。在新形势下，从经济周期因素、市场因素以及体制性因素探讨产能过剩的成因及其治理对策可能并不适用于我国当前的产能过剩，正因为如此，当前产能过剩的治理措施并未获得显著效果。

　　例如，我国政府在2009年9月发布了《关于抑制部分行业产能过剩和重复建设引导产业健康发展的若干意见》（以下简称《意见》），明确列出了需进行产能管制的行业名单。图2-3展示了我国工业"非产能过剩行业"、"产能过剩管制行业"以及"产能过剩非管制行业"利润率的变化情况[①]。我们发现，2009年9月发布《意见》以来，产能过剩管制行业的利润率并没有得到改善，较产能过剩非管制行业、非产能过剩行业的利润率水平出现了明显的下滑，说明我国政府对产能过剩管制行业实施的措施并没有取得预期效果，产能过剩的治理思路值得反思。

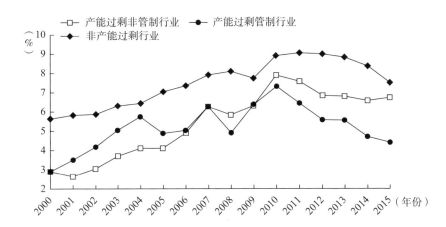

图2-3　中国工业行业利润率均值的对比情况

---

① "产能过剩管制行业"包括煤炭开采和洗选业、石油加工炼焦及核燃料加工业、非金属矿物制品业、黑色金属冶炼及压延加工业、电气机械及器材制造业以及电力、热力的生产和供应业；"产能过剩非管制行业"是指韩国高等（2011）指出的7大过剩行业和董敏杰等（2015）测度的产能利用率排后10位的行业，但是不属于《意见》管制名单的行业，具体包括非金属矿采选业、造纸及纸制品业、化学原料及化学制品制造业、化学纤维制造业、专用设备制造业、燃气生产和供应业以及水的生产和供应业；"非产能过剩行业"是指除"产能过剩管制行业"、"产能过剩非管制行业"以及有色金属冶炼及压延加工业、通用设备制造业、黑色金属矿采选业、有色金属矿采选业四个部分管制行业外的工业行业。

为此，要科学应对我国新一轮制造业产能过剩，就必须结合我国制造业新一轮产能过剩产生的背景和认识我国制造业新一轮产能过剩的本质。产能过剩治理的重心是破除制造业研发投入不足、缺乏创新能力的现状，促进制造业产业结构升级，充分发挥研发创新化解产能过剩的作用机制。中国社会科学院发布的《2016年中国经济前景分析》也指出，我国制造业产能过剩的根本原因在于转型升级机制不畅，治理产能过剩必须坚持创新驱动发展战略，提升企业的技术创新能力。本书接下来的研究就聚焦制造业的研发创新和对外直接投资对产能过剩的影响及其作用机制，以为我国科学治理新一轮产能过剩提供新的思路。

第三章 中国制造业产能过剩的行业差异及影响因素

准确衡量和判断"真实的产能过剩程度"及其成因是科学治理产能过剩的前提，然而，中国统计部门并没有完整的制造业产能过剩程度的统计体系和产能过剩的判断标准（钟春平、潘黎，2014）。另外由于缺乏精准测度产能过剩的理论方法，国内学者对产能过剩的测度及其成因依然存在较大争议。在产能过剩的测度方面，由于样本选择、统计口径及测度方法等方面的差异和不完善，不同学者对当前中国制造业产能过剩严重程度及行业分布的看法有较大差异（何蕾，2015）；在产能过剩成因探讨方面，学界往往将产能过剩归因于市场因素、政府干预因素（程俊杰，2015a），忽视了对产能过剩不同层次的因素进行探讨和分析。

为弥补现有研究的不足，本章主要从以下几方面来准确测度中国制造业分行业的"真实的产能利用率"：在样本选择上，将评估年份延伸至 2014 年，充分揭示 2008 年金融危机后产能利用率的演变趋势及行业差异；在统计口径上，借鉴陈诗一（2011）的方法，依据全口径分行业的面板数据测度产能利用率，避免规模以上企业的投入产出数据不能反映行业产能利用率的整体情况；在测度方法上，选择有经济理论支持、数据容易获得、可以规避价格与成本等测量误差以及在模型检验和结果评价上有优势的随机前沿生产函数法

（Kirkley，Pawl，Squires，2002），并且结合峰值法的优势，以生产单元的历史最优投入产出比为参照，即在随机前沿生产函数模型中加入固定效应控制行业异质性，以测度分行业"真实的产能利用率"。在测度得到分行业"真实的产能利用率"的基础上，采用动态面板模型和系统 GMM 估计方法对需求冲击、固定资产投资、体制性扭曲三个层次的产能过剩成因以及研发创新进行回归分析，对我国制造业产能过剩的形成展开讨论。

第一节　中国制造业产能利用率的测度方法

本章沿用 Kirkley、Pawl 和 Squires（2002）的做法，并考虑行业异质性，采用固定效应随机前沿生产函数法测度中国制造业分行业的"真实的产能利用率"。

一　产能利用率的测度方法：固定效应随机前沿生产函数法

固定效应随机前沿生产函数模型的一般形式可以表示为：

$$y_{it} = \alpha_i + x_{it}\beta + v_{it} - u_{it}(i = 1,2,\cdots,N;t = 1,2,\cdots,T) \qquad (3.1)$$

其中，y_{it} 表示第 i 个决策单元在 t 年的产出（取对数）；x_{it} 表示要素投入（取对数）向量；β 表示待估未知参数向量，α_i 为生产单元的固定效应。v_{it} 为随机误差项，服从正态分布 $N(0,\psi^2)$；u_{it} 为生产无效率项，服从 $IIDF_u(\sigma)$，与 v_{it} 相互独立，其中 $F_u(\sigma)$ 是仅依赖待估参数 σ 的单边分布（半正态分布、指数分布等）。固定效应随机前沿模型（True Fixed-Effects Stochastic Frontier Models，简称 TFE-SF）估计思路有两种：一种思路是直接引入生产单元的虚拟变量，使用极大似然估计法进行参数估计；另一种思路是先通过差分方法去除个体固定效应，接着利用差分复合残差项的分布进行极大似然估计。

Greene（2005）采用虚拟变量极大似然估计法进行参数估计，但虚拟变量极大似然估计法存在冗余参数问题，随着生产单元个数 N 的增加，待估参数 α_i 的个数以相同速度增加，参数估计量的一致性得不到保证。Belotti（2014）采用第二种思路进行参数估计，以避免冗余参数问题，但是由于差分后的边际极大似然函数没有解析解，需要使用蒙洛卡罗模拟进行参数估计，这被称为模拟边际极大估计法，该方法可以得到固定效应随机前沿模型的一致性估计量，缺陷是计算所耗时间较长，本书采用模拟边际极大似然估计法进行参数估计。

接下来，我们简单介绍一下模拟边际极大似然估计法参数估计的思路。第一步，遵循 Wang 和 Ho（2010）的思路，对式（3.1）进行一阶差分变换（First-Difference Transformation），消除个体效应 α_i，并用向量表示。第二步，根据 Δu_i 的分布求边际似然函数 $L_i^*(\theta)$。由于 Δv_i 和 Δu_i 相互独立，边际似然函数 $L_i^*(\theta)$ 的一般表达式为：

$$L_i^*(\theta) = \int f(\Delta v_i, \Delta u_i \mid \theta) d\Delta u_i = \int f(\Delta v_i \mid \theta) f(\Delta u_i \mid \sigma) d\Delta u_i$$

$$= \int f(\Delta y_i \mid \beta, \psi, \Delta X_i, \Delta u_i) f(\Delta u_i \mid \sigma) d\Delta u_i \qquad (3.2)$$

其中，$\theta = (\beta, \sigma, \psi)$。由于我们假定了 v_{it} 服从正态分布 $N(0, \psi^2)$，那么 Δv_i 的分布是已知的，所以只要得到了边际似然函数 $L_i^*(\theta)$，我们就可以得到相关参数 θ。但是，在第二步中我们面临两个难题：①多元分布密度函数 $f(\Delta u_i \mid \sigma)$ 的具体形式是未知的；②式（3.2）并没有解析解。这是制约我们进行参数估计的关键，Wang 和 Ho（2010）对生产无效率项 u_{it} 施加了结构形式的约束后恰好可以得到解析解。这里我们换一个思路，先施加两个假定：① $F_u(\sigma)$ 是仅依赖于待估参数 σ 的单边分布，如半正态分布、指数分布等；② $F_u(\sigma)$ 具有标度特性，如 $u_i = \sigma \tilde{u}_i$。那么，我们可以通过蒙洛卡罗模拟求得边际似然函数：

$$L_i^*(\theta) = \int f(\Delta y_i \mid \beta, \psi, \Delta X_i, \Delta u_i) f(\Delta u_i \mid \sigma) d\Delta u_i \qquad (3.3)$$

$$= E_{\Delta \tilde{u}} \left[\varnothing_{\tau-1}(\Delta \varepsilon_i + \sigma \Delta \tilde{u}_i; 0, \Psi) \right] \qquad (3.4)$$

$$\approx \frac{1}{G} \sum_{g=1}^{G} \left[\varnothing_{\tau-1}(\Delta \varepsilon_i + \sigma \Delta \tilde{u}_{ig}; 0, \Psi) \right] \qquad (3.5)$$

利用式（3.3）、式（3.4）、式（3.5）就可以估计出参数 θ。最后，利用已估计出的参数计算出个体效应和残差项，并求出无效率项的条件期望 $E(u_i \mid \varepsilon)$。

考虑到超越对数函数放松了 $C-D$ 函数形式的要素产出弹性不变和 CES 函数形式的要素替代弹性不变的假设，函数形式设定相对较为灵活，可以有效避免生产函数形式误设带来的参数估计偏差以及充分反映投入要素之间的替代效应、交互作用及其变化，本书将生产函数设定为超越对数函数。此外，我们放松希克斯中性技术进步的严格假设，将面板随机前沿生产函数设定为：

$$\ln Y_{it} = \alpha_i + \beta_k \ln K_{it} + \beta_l \ln L_{it} + \frac{1}{2}\beta_{kk} \ln K_{it}^2 + \frac{1}{2}\beta_{ll} \ln L_{it}^2 + \beta_{kl} \ln K_{it} \times \ln L_{it}$$

$$+ \beta_t t + \frac{1}{2}\beta_{tt} t^2 + \beta_{tk} t \times \ln K_{it} + \beta_{tl} t \times \ln L_{it} + v_{it} - u_{it} \qquad (3.6)$$

其中，i 表示制造业行业，t 表示年份；K、L 和 Y 分别代表资本投入、劳动投入和总产出。

利用固定效应随机前沿生产函数可以计算得到各行业的潜在产出，而产能利用率为实际产出与潜在产出之比。因此，产能利用率为：

$$CU_{it} = \frac{Y_{it}}{Y_{it}^*} = \frac{exp(\ln Y_{it})}{exp(\ln Y_{it}^*)} = exp(-u_{it}) \qquad (3.7)$$

二　产能利用率测度方法数据说明

本章使用 1980～2014 年中国制造业分行业的全口径投入产出数据测度产能利用率，行业分类按《国民经济行业分类》（GB/T 4754－2002）进行划分，剔除工艺品及其他制造业、废弃资源和废旧材料回收加工业，2012 年后将橡胶和塑料制品行业按 2011 年相关变量比例拆分为橡胶制品和塑料制品两个行业，汽车制造业和铁路船舶航空航天设备制造业合并为交通运输设备制造业。1980～2004 年的投入产出数据采用陈诗一（2011）的估计结果，2005～2014 年的投入产出数据根据 2004 年、2008 年和 2013 年经济普查对规模以上工业企业的投入产出数据进行全口径调整得到。投入产出变量处理如下。

（1）产出指标（Y），用分行业工业增加值衡量。国家统计局没有公布 2009～2014 年的制造业分行业增加值数据，利用分行业规模以上工业企业的实际增长率×（全口径工业增加值增长率/规模以上工业增加值增长率）得到分行业的全口径增长率，再利用 2008 年全口径分行业增加值得到 2009～2014 年制造业分行业增加值数据。

（2）资本存量指标（K），按永续盘存法进行估算。国家统计局公布了 2004 年以来全口径工业分行业的固定资产投资，我们利用分行业工业品出厂价格指数和全国固定资本形成价格指数构建分行业固定资产投资价格指数，并以 1990 年为基期进行固定资产投资价格调整，具体可以参考李小平和朱钟棣（2005）的做法：利用《中国工业经济统计年鉴》中的累计折旧和固定资产原值数据估计得到分年度分行业的折旧率。有了固定资产投资实际值和折旧率，根据永续盘存法计算公式可以估算出 2005～2014 年制造业分行业固定资本存量。

（3）劳动投入指标（L），用全部从业人员平均数衡量。利用 2004 年、2008 年和 2013 年经济普查数据公布的全口径分行业从业人员年平均人数，将各年的规模以上工业企业从业人员数调整为全口径分行业从业人员数。

三 产能利用率测度模型的估计结果

为了检验式（3.6）的函数形式设定合理，我们用广义似然比对模型设定进行检验，似然比统计量 $LR = 2（LogL\_u – LogL\_R）$，其中，$LogL\_u$ 是无约束模型的对数似然值，$LogL\_R$ 是约束模型的对数似然值，如果约束条件成立，LR 就服从自由度为约束条件数的卡方分布，检验结果如表 3 – 1 所示。主要包括以下几个检验：第一个检验是前沿生产函数是否为 $C – D$ 形式，其似然比统计量远大于 1% 的显著性水平下的卡方分布临界值，在 1% 的显著性水平下拒绝零假设，说明生产函数设定为 $C – D$ 形式并不合理；第二个检验是是否存在技术进步；第三个检验是在第二个检验的基础上接着检验技术进步是否为希克斯中性技术进步，两个检验支持偏向技术进步的模型设定；第四个检验是固定效应 SFA 与传统 SFA 模型设定的检验，检验结果显示在 1% 的显著性水平下拒绝无行业异质性的假定，固定效应随机前沿模型设定合理。

表 3 – 1　模型设定检验结果

零假设	似然比统计量	自由度	1% 临界值	检验结果
H_{01}：生产函数为 $C – D$ 形式	127.92	3	10.501	拒绝零假设
H_{02}：不存在技术进步	481.73	4	12.483	拒绝零假设
H_{03}：希克斯中性技术进步	242.69	2	10.501	拒绝零假设
H_{04}：不存在行业固定效应	936.11	36	58.020	拒绝零假设

式（3.6）的参数估计结果如表 3 – 2 所示。可以看到，大多数参数在 1% 的显著性水平下显著，说明模型具有很强的解释力。生产无

效率项和随机误差项的标准差比值为 2.7520，并且在 1% 的显著性水平下显著，说明组合误差项的变异大约有 73.35% 来源于生产无效率项，随机误差项带来的影响很小，即制造业各行业普遍存在"生产无效率"，选用随机前沿模型比普通回归模型能够更好地描绘各行业的生产效率及其变化。总体而言，基于超越对数生产函数的固定效应随机前沿模型是合理的。此外，基于固定效应随机前沿模型的测度并不只是拟合效果更优，测度得到的生产效率项也更加符合产能利用率的含义。各行业的产能利用率应以其历史最优投入产出比为参照，不能以其他行业的投入产出比为参照，加入行业固定效应控制行业异质性后才能反映"真实的产能利用率"，测度的产能利用率也有别于生产效率的定义。

表 3-2 超越对数生产函数参数估计结果

变量	系数	T 值	变量	系数	T 值
α_k	0.1113 (0.0939)	1.19	α_t	0.0376*** (0.0117)	3.22
α_l	0.4513*** (0.1132)	3.99	α_{tt}	-0.0057*** (0.0004)	-14.47
α_{kk}	0.1387*** (0.0194)	7.17	α_{tk}	0.0169*** (0.0021)	7.89
α_{ll}	0.0761*** (0.0129)	5.90	α_{tl}	0.0151*** (0.0018)	8.32
α_{kl}	-0.1281*** (0.0163)	-7.84	σ	0.3241*** (0.0153)	21.18
ψ	0.1178*** (0.0096)	12.30	λ	2.7520*** (0.0220)	124.97
对数似然函数值			-175.0523		

注：*** 表示在 1% 的显著性水平下显著。

第二节 中国制造业产能利用率的测度结果及讨论

本书采用固定效应随机前沿生产函数法测度得到了中国制造业分行业的"真实的产能利用率"，如图 3-1 所示，其中，石油加工业、交通设备制造业、计算机通信设备制造业三个行业存在异常值而未报告；石油加工业由于出厂价格上涨速度过快，导致测度的产能利用率近期值异常低；交通设备制造业和计算机通信设备制造业在改革开放初期发展缓慢，导致测度的产能利用率早期值异常低。

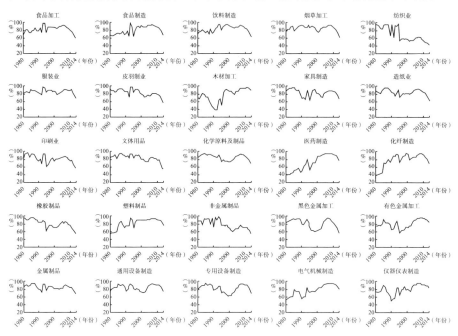

图 3 - 1　1980～2014 年中国制造业分行业的"真实的产能利用率"

仔细比较制造业分行业的产能利用率发现，产能利用率的波动特征与经济周期基本保持一致，但是行业间的产能利用率具有较大差异，并且随时间推移产能过剩问题呈现一定的行业轮动现象，2008 年金融危机以来制造业的产能过剩具有全局性、持续性特征。从行业轮动角度来看，1980 年以来，轻工制造业的产能利用率普遍高于重工制造业；2000 年之后，重工制造业的产能利用率开始领先于轻工制造业，新兴制造业的产能利用率明显领先于传统制造业。从时间趋势来看，改革开放初期，除医药制造、化纤制造、电气机械制造等处于发展初期的行业表现为产能利用率较低外，制造业整体的产能利用率处于较高水平；20 世纪 80 年代末，各行业的产能利用率处于比较明显的下滑状态并且呈现剧烈波动；20 世纪 90 年代末期，各行业产能利用率的演变趋势开始反转，并一直上升到 2007 年的峰值；2008 年金融危机以来，各行业的产能利用率均出现一定程度的下滑，产能过剩有从局部行业向全部行业蔓延的趋势，产能过剩开始表现出复杂性、全局性甚至长期性特点。近年来，政府连续采取了一系列严格措施对产能过剩进行治理，但是，治理措施并未获得预期效果，本书测度结果表明几乎所有制造业行业的产能利用率呈下降趋势。中国制造业此轮产能过剩呈现明显的"久治不愈"和"日益严重"特征，中国政府的大量干预危机的应对政策，阻碍了市场优胜劣汰机制的作用，造成了当前产能利用率持续下降的复杂局面。

　　为了进一步分析此轮产能过剩严重程度的行业差异，我们计算了 2012～2014 年制造业分行业产能利用率的平均值。我们发现，新兴制造业的产能利用率普遍高于传统制造业：以医药制造、设备制造类行业为代表的新兴制造业是当前世界领域创新活动最为频繁的行业，在此轮经济危机冲击下，依然保持着较高的产能利用率；以纺织业、皮羽制业、印刷业、橡胶制品、非金属制品、黑色金属加工为代表的传统制造业几乎全部低于 75% 的水平，处于较低水平。2009 年国务院公布的产能过剩行业主要涉及钢铁、水泥、平板玻璃、造纸、制革、印染等传统制造业，以及多晶硅、风电设备、船舶等战略性新兴产业，对应着黑色金属加工、非金属制品、造纸业、皮羽制业、印刷业以及设备制造类行业等。本书对传统制造业领域的产能过剩测度结果与官方调查的行业过剩情况非常一致，但设备制造类行业产能利用率普遍较高，可能是由于风电设备、船舶所占比重较低（何蕾，2015）。2014 年新兴制造业也出现一定程度的产能过剩，产能过剩出现从传统产业向新兴产业蔓延的趋势。我国制造业新一轮的产能过剩危机起源于 2008 年金融危机导致的外需疲软，并于 2012 年开始出现严重恶化，国内经济增长速度的结构变化和消费需求结构变化因素占主导地位。2008～2011 年，我国制造业产能过剩主要呈现周期性产能过剩的特征，随着国际金融危机被逐步化解，产能利用率开始上升；但是，2012 年，各行业的产能利用率开始出现急剧下滑，产能过剩背后具有更多深层次的原因，绝对不能简单归因于经济周期。

第三节　中国制造业产能过剩的成因及治理对策

一　成因分析的模型、数据与方法

中国制造业产能过剩的成因可以分为三个层次：内外侧需求冲击是产能过剩的直接原因，过度投资和低效投资是产能过剩的形成渠道，政府干预下体制性扭曲是产能过剩的根源。供给创新是缓解市场需求升级和工业产品结构之间的矛盾，治理结构产能过剩的出路。因此，本书选取需求冲击、固定资产投资率、信贷扭曲程度作为产能过剩三个层次成因的代表变量，选择研发投入作为产能过剩治理的代表变量，它们分别作为模型的核心解释变量。为了保证回归结果的稳健性，加入行业市场结构、行业所有权结构以及行业特征等控制变量。但是，产能过剩及其影响因素之间不可避免地存在双向因果关系，从而使模型估计面临内生性问题，通过引入产能过剩指数的滞后项并采用广义矩估计可以缓解内生性问题所带来的估计系数有偏的情况。此外，生产经营决策往往受到前期决策的影响，并且由于信息不对称，经营决策者通常无法及时调整产量，再加上生产经营调整成本、政府行政机构干预等问题，前期的生产过剩情况会对当期产生非常重要的影响，即产能过剩存在所谓的"惯性"效应（杨振兵、张诚，2015；杨振兵，2016）。因此，考虑到这种动态延续性与产能过剩的滞后性，本书采用动态面板数据模型进行产能过剩的影响因素分析：

$$ICU_{it} = \alpha_i + \rho \times ICU_{i,t-1} + X_{it}\beta + Z_{it}\gamma + \varepsilon_{it} \qquad (3.8)$$

其中，ICU_{it} 是产能过剩指数，由产能利用率的倒数减 1 得到；α_i 是行业的固定效应；X_{it} 代表需求冲击、固定资产投资率、信贷扭曲程度、研发投入核心解释变量；Z_{it} 代表行业市场结构、行业所有权结构、行业特征等控制变量。本书解释变量和控制变量的选取、计算以及数据来源说明如下。

（1）核心解释变量。需求冲击，用行业增加值增长率（d_val）、行业出口增长率（d_exp）分别衡量内外侧需求冲击，行业出口增长率利用 UN Comtrade 数据库数据计算得到；固定资产投资率（I_rate），用分行业固定资产投资与工业销售总产值的比重衡量，固定资产投资序列参考陈诗一（2011）的方法计算；信贷扭曲程度（$Debt$），用国有企业的相对信贷资金规模衡量，即国有企业的资产负债率/非国有企业的资产负债率；研发投入（Rd），用分行业 R&D 经费内部支出总额占工业总产值的比重衡量，2003 年以前 R&D 经费数据缺失，采用科技活动经费内部支出替代 R&D 经费内部支出并依据 2004 年数据进行了规模调整。

（2）控制变量。行业市场结构，选取代表行业竞争性程度的企业平均规模（$Size$）与代表行业开放性程度的贸易开放度（$Open$）两个代表变量，贸易开放度用出口总产值/工业总产值衡量。行业所有权结构，选取外资企业比重（FDI）和国有企业比重（SOE）两个代表变量，分别用外商企业固定资产净值占工业行业固定资产净值比重、国有企业固定资产净值占工业行业固定资产净值比重衡量。

行业特征，选取资本劳动比（KL）这一代表变量。此外，我们对回归模型施加了行业固定效应以控制不随时间变化的行业特征。

（3）数据来源说明。上述变量指标数据来自《中国工业经济统计年鉴》、《中国科技统计年鉴》、UN Comtrade 数据库和国家统计局网站。鉴于数据可得性，本书选取 2000～2014 年中国 28 个制造业行业的面板数据对产能过剩的影响因素进行分析，采用能够有效控制动态面板数据模型内生性问题的系统 GMM 估计方法进行参数估计。

二　成因分析的回归结果及讨论

由于随机误差项存在异方差的潜在可能，本书采用两阶段系统 GMM 估计方法对方程的残差项进行序列相关检验以及对工具变量进行过度识别检验。序列相关检验结果表明残差项并不存在二阶（或更高阶）序列相关（P 值远大于 0.1），而工具变量进行过度识别检验（Sargan 检验）的 P 值都非常接近于 1，说明模型设定的一阶滞后期数和模型估计所使用的工具变量都是合理有效的。在使用两阶段系统 GMM 估计方法对模型滞后期设定和工具变量选择进行检验后，采用一阶段系统 GMM 估计方法对模型进行估计，得到稳健性标准误，并进行统计推断，估计结果见表 3 – 3。

表 3 – 3　动态面板回归模型的估计结果

变量	模型 1	模型 2	模型 3	模型 4
$L.ICU$	1.048 *** (34.49)	0.993 *** (44.49)	1.060 *** (34.58)	0.996 *** (46.42)
l_rate	0.431 *** (5.26)	—	—	0.495 *** (5.86)

续表

变量	模型 1	模型 2	模型 3	模型 4
d_val	—	-0.535^{***} (-17.63)	—	-0.587^{***} (-18.99)
d_exp	—	-0.004 (-0.51)	—	-0.006 (-0.81)
$Debt$	—	—	0.174^{***} (3.25)	0.0275 (0.71)
Rd	0.0460^{**} (1.97)	0.0265 (1.54)	0.0448^{*} (1.92)	0.0332^{**} (2.00)
$Size$	0.006^{***} (4.15)	0.003^{***} (3.94)	0.005^{***} (4.30)	0.003^{***} (4.23)
$Open$	0.095 (1.07)	0.197^{***} (3.00)	0.004 (0.04)	0.232^{***} (3.48)
SOE	-0.378^{***} (-10.07)	-0.253^{***} (-8.87)	-0.357^{***} (-9.31)	-0.228^{***} (-8.21)
FDI	-0.865^{***} (-7.60)	-0.597^{***} (-7.01)	-0.731^{***} (-6.12)	-0.569^{***} (-6.72)
KL	-0.024^{*} (-1.86)	-0.016 (-1.61)	-0.024^{*} (-1.79)	-0.013 (-1.40)
$\_cons$	0.354^{***} (6.12)	0.314^{***} (7.46)	0.127 (1.46)	0.237^{***} (3.79)
AR (1) P 值	0.0028	0.0024	0.0001	0.0015
AR (2) P 值	0.7419	0.5442	0.4785	0.6431
样本容量	392	392	392	392

注：$***$、$**$、$*$ 分别表示在 1%、5% 和 10% 的显著性水平下显著，括号内为 T 值。

中国制造业的产能过剩具有显著路径依赖的"惯性"特征，与产能过剩"久治不愈"和"日益严重"的现象相吻合。表 3-3 回归结果中，产能过剩指数滞后一期的系数均在 1 附近，并且在 1% 的显著性水平下统计显著：回归系数大于 0 说明制造业产能过剩问题具有"惯性"特征，前期积累的过剩产能会对当期的产能利用率造成影响；系数接近于 1 表明产能过剩的"惯性"特征非常强，过剩产能难以依靠市场机制实现自我化解。由于企业的经营投资决策具有一定的时间周期，决策者难以依据市场供求的变化迅速调整投资决策，产能过剩表现出适度的"惯性"特征是正常现象。但是，中国制造业产能过剩的强势"惯性"特征并不是市场机制运行的正常现象。

需求冲击对产能过剩的影响非常显著，产能过剩表现出逆周期特征，即经济萧条时，产能过剩指数上升，而经济繁荣时，产能过剩问题得到化解。表 3 - 3 中行业增加值增长率的系数均小于 0 且在 1% 的显著性水平下统计显著，可以说明产能过剩是显著逆周期的。当经济增长减缓时市场需求下降，企业有两种途径抑制实际产出水平：一是通过削减投资、裁员等方式抑制产能规模，二是保持产能不变、降低产能利用率。如果企业资本、劳动、土地等生产要素调整成本较低，企业就可以通过缩减产能的方式以"小而高效"的模式"越冬"。事实上，市场调节和政府干预均会引致企业倾向于采用降低产能利用率的途径缩减实际产出。企业改变投资决策、处理固定资产、招聘和培训新员工、裁员都面临巨大的调整成本，企业从成本收益角度考虑并不会迅速改变要素投入量和实际产能。同时，地方政府面临"保增长""促就业"的政绩压力，会以各类优惠政策刺激企业投资，并设置形式多样的退出壁垒。当市场面临不利的需求冲击时，企业更加倾向于选择降低产能利用率，保持一定的闲置产能，这会直接导致产能过剩问题加剧。出口波动作为外部需求冲击，对产能过剩应该具有显著的负向影响，然而，行业出口增长率的系数虽然小于 0 但是不显著，说明控制经济波动后，出口波动对产能过剩的负向影响不显著。进一步采用中介变量回归（表 3－3 未报告）表明，出口需求冲击主要是通过总需求冲击对产能过剩造成影响的。

固定资产投资率的系数在 1% 的显著性水平下显著，且为正值，支持政府干预下的过度投资引致制造业产能过剩的观点（韩国高等，2011）。2000 年以来，中国的工业化进程步入崭新的阶段，城市化的快速推进以及消费结构的快速转变升级等因素加大了对水泥、钢铁、机械等各种工业产品的需求，再加上中国参与经济全球化的进程日益加快，产业发展有良好前景的预期引起投资大量涌入制造业领域，导致产能过剩的“潮涌现象”十分突出（林毅夫等，2010）。地方政府不当干预引发工业企业过度投资、盲目扩张产能，当产业发展具有良好前景时，地方政府具有强烈的动机干预企业投资和利用各种优惠政策招商引资。在出现产能过剩后，一方面，地方政府继续向产能过剩严重的行业“输血”，设置各种形式的企业退出壁垒；另一方面，地方政府以应对经济危机、调整产业结构的名义扶持辖区内其他行业进行产能扩张，导致非产能过剩行业、新兴制造业领域的企业进行大量低技术含量的投资，造成产能过剩在行业间蔓延。

信贷扭曲程度的系数在 1% 的显著性水平下显著，且大于 0，控制固定资产投资率后，回归系数的数值和显著性下降，说明偏向国有企业的信贷扭曲主要是通过刺激投资加剧产能过剩，随着国有企业比重增加，信贷扭曲对产能过剩的恶化作用加剧。产能过剩具有逆周期性，在经济萧条时期产能过剩更为严重，同时偏向国有企业的信贷扭曲更为明显，加剧国有企业扩张，进一步恶化产能过剩。以信贷扭曲为代表的体制性扭曲不仅是产能过剩的形成根源，而且会进一步加剧产能过剩。

研发创新能够缓解需求升级和工业产品结构之间的矛盾，可以化解制造业的结构性产能过剩。表 3 - 3 中研发投入的系数均大于 0，说明研发投入并没有起到化解产能过剩的作用，研发创新治理产能过剩的机制尚未奏效。研发投入没有达到化解产能过剩的预期效果，可能有以下三方面的原因：第一，研发创新治理产能过剩需要较长的周期，2008 年金融危机引发制造业全面产能过剩后，研发投入才开始加速增加，长期积累的供求结构性矛盾需要供给创新模式彻底改变才能得到缓解；第二，创新激励机制扭曲使企业研发投入的动机脱离市场需求，企业以研发投入结合低技术含量投资的模式获得政府"显性"补贴和"隐形"补贴，如风电设备、光伏产业等战略性新兴产业的研发投入，最终导致研发投入失去了缓解供求结构性矛盾的功能；第三，中国制造业企业普遍缺乏自主创新能力，研发投入往往用于以模仿创新和微创新的方式推进产品更新升级，导致产品创新的作用机制相对失效（夏晓华等，2016）。

控制变量的系数基本符合预期，说明回归系数的估计结果相对稳健，实证结果可靠。外资企业比重可以抑制产能过剩，原因在于外资企业更加重视企业的经济效益，同时可以充分利用国际市场化解过剩产能。国有企业比重表现为恶化产能过剩，由于承担更多政府经济增长、就业责任，同时接受更多的政策倾斜，国有企业产能过剩问题通常较为严重。企业平均规模对产能过剩造成正向影响，实证结果并不支持"过度竞争"造成产能过剩。相反，大型企业经营调整成本大、退出机制受阻以及信贷资源规模歧视使得企业平均规模对产能过剩造成正向影响。贸易开放度表现为对产能过剩有一定的加剧作用，对外开放迫使企业更加注重国际竞争力，进行规模建设和产能储备，竞争效应使得产能过剩加剧。资本劳动比对产能过剩的影响为负向但不显著，2000 年以来战略性新兴产业发展带动重工业产能利用率普遍高于轻工业，在回归中表现为资本深化可以降低产能过剩程度。

第四节　本章小结

化解产能过剩是中国当前经济可持续发展的重大挑战，而缺乏产能过剩严重程度的衡量数据阻碍了我们对产能过剩的全面认识。为此，我们采用结合峰值法和固定效应随机前沿生产函数法，测度了 1980～2014 年中国制造业分行业"真实的产能利用率"。测度结果表明：第一，中国制造业普遍存在产能过剩并具有行业差异，近几年新兴行业的产能利用率普遍高于传统行业；第二，2008 年金融危机以前，产能过剩表现为一般性、局部性和周期性；第三，2008 年金融危机之后，产能过剩的形势发生变化，具有复杂性、全局性甚至长期性特点，且有从传统行业向新兴行业、从局部行业向全部行业蔓延的趋势。总体而言，新形势下的产能过剩更为严重，产能过剩治理的任务也更加艰巨，产能过剩已经演变为中国制造业的全局性问题。在此形势下，如何科学治理制造业的产能过剩？我们知道，近几年来，中国政府连续采取了一系列严格措施治理产能过剩，同时出台了大量应对经济危机的干预政策，削弱了市场优胜劣汰机制和产能过剩治理措施的实施效果：产能利用率出现持续低迷的复杂局面，产能过剩也出现越治理越严重的现象。正是由于现有产能过剩治理政策并没有达到有效治理制造业产能过剩的效果，我们在接下来的章节中，将从创新驱动发展战略和"走出去"战略的视角，提出产能过剩治理的新思路。

在测度得到分行业"真实的产能利用率"的基础上，本章采用动态面板模型和系统 GMM 估计方法简单考察了中国制造业产能过剩的影响因素。中国制造业产能过剩的成因可以分为三个层次：内外侧需求冲击是产能过剩的直接原因，过度投资和低效投资是产能过剩的形成渠道，政府干预下体制性扭曲是中国产能过剩的根源。产能过剩的三层次成因分析表明：第一，中国制造业的产能过剩具有显著路径依赖的"惯性"特征，产能过剩在治理过程中出现"久治不愈"和"日益严重"现象；第二，需求冲击、固定资产投资率、信贷扭曲程度三个层次的因素共同促使制造业产能过剩形成；第三，研发投入缓解供给关系结构性矛盾、治理产能过剩的机制尚未奏效，导致制造业产能过剩不断恶化。产能过剩的成因分析表明：内外侧需求冲击、过度投资和低效投资、政治干预下体制性扭曲三个层次的因素共同推动中国制造业产能过剩危机爆发，而研发投入缓解供给关系结构性矛盾、治理产能过剩的机制尚未奏效，导致制造业产能过剩治理出现"久治不愈"现象。

有学者将需求冲击下产能过剩视作周期性产能过剩，判定 2008 年金融危机后的产能过剩是企业非意愿性产能闲置，忽视了需求冲击是暴露体制性产能过剩和结构性产能过剩的直接原因，低估了当前产能过剩的严重性。固定资产投资增速过快直接形成过剩产能，但中国固定资产投资增速在近几年不断下滑，2016 年固定资产投资增速更是创 16 年新低，民间投资增速也出现断崖式下滑，扭转投资增速下滑趋势是激发当前经济活力的关键。因此，以遏制投资规模的方式治理产能过剩毫无疑问会造成经济增长速度断崖式下滑。激发企业有效投资的动机，优化企业的投资结构和提高企业的投资质量，反而是化解经济危机和产能过剩的出路。政府干预下的体制性扭曲是中国制造业产能过剩的根源，纠正体制性扭曲、理顺资源要素价格形成机制是有效消除产能过剩的长期对策。企业具有应对产能过剩危机的主观能动性，可以通过研发投入缓解产品供求关系的结构性矛盾，但由于中国创新激励机制扭曲以及创新生态体系建设依然任重道远，研发投入化解产能过剩的机制尚未奏效。综上所述，矫正体制性扭曲、刺激企业供给创新和激发企业有效投资，是缓解供求关系结构性矛盾、化解产能过剩的根本出路。

第四章　中国制造业产能过剩的省际差异及影响因素

现有文献主要从行业角度考虑中国的产能过剩，研究产能利用率的省际差异的文献并不多，考察中国省域产能利用率影响因素的文献更少。究其原因，是省域层面产能利用率的测度存在困难。现有产能过剩测度方法主要依靠投入产出数据推算出生产单元的潜在产出，但如果每个省份都存在相近程度的产能过剩，那么产能利用率的测度方法会失效，为此，我们借鉴董敏杰等（2015）的思路，利用中国省际层面的 20 个制造业分行业投入产出数据，用行业加权方法计算得到省域层面的产能利用率。

在此基础上，采用空间动态面板模型考察省域产能利用率的影响因素，进一步分析需求冲击、固定资产投资率以及研发创新、对外直接投资对各省份产能利用率的影响。考虑到地区间制造业面临的需求市场重叠问题，及地区间存在的产能转移、销售竞争等问题，我们构建包含联动效应和传染效应的动态面板空间模型进行影响因素分析。可以说，本章对省域层面产能利用率的测度以及对影响因素的空间计量分析，对产能过剩研究具有很多的方法上的创新，对我们正确认识产能过剩现状及其成因，进而得出合理的产能过剩治理对策有着重要意义。

第一节　实证模型和估计方法

一　省域层面产能利用率的测度方法

测度省域层面制造业的产能利用率有两种思路：一种思路是利用各个省份的投入产出数据直接测度各省份的潜在产出，从而得到省域层面的产能利用率（杨振兵，2015；程俊杰，2015a）；另一种思路是测度得到各省份分行业的产能利用率，并计算省域层面上的加权产能利用率（董敏杰等，2015；刘航等，2016）。如果直接利用省级制造业加总数据构造产出前沿，就会低估省际共同趋势的产能过剩。事实上，各个省份的制造业通常面临共同的需求市场，产能过剩具有非常强的空间联动性和空间传染性，从而使省际产能过剩具有明显的共同趋势特征。为此，本书利用省级 - 行业层面投入产出数据，采用具有微观经济理论支持、指标数据获取相对容易且可靠、可以规避价格与成本等测量误差以及便于模型检验和结果评价等优势的随机前沿生产函数法测度省域层面的产能利用率。为了有效避免生产函数形式误设带来的参数估计偏差以及充分反映投入要素之间的替代效应、交互作用及其变化，本书将生产函数设定为超越对数函数形式：

$$\ln Y_{ijt} = \alpha + \beta_k \ln K_{ijt} + \beta_l \ln L_{ijt} + \frac{1}{2}\beta_{kk}\ln K_{ijt}^2 + \frac{1}{2}\beta_{ll}\ln L_{ijt}^2 + \beta_{kl}\ln K_{ijt} \times \ln L_{ijt}$$

$$+ \beta_t t + \frac{1}{2}\beta_{tt}t^2 + \beta_{tk}t \times \ln K_{ijt} + \beta_{tl}t \times \ln L_{ijt} + v_{ijt} - u_{ijt} \qquad (4.1)$$

其中，i、j 以及 t 分别表示省份、行业以及年份，采用极大似然估计法可以得到相关参数，并利用 JMLS 技术分解得到技术无效率项的估计值 u_{ijt}。产能利用率定义为实际产出与潜在产出的比，具体公式为：

$$CU_{ijt} = \frac{Y_{ijt}}{Y_{ijt}^*} = \frac{exp(\ln Y_{ijt})}{exp(\ln Y_{ijt}^*)} = exp(-u_{ijt}) \qquad (4.2)$$

根据式（4.2）计算得到分省份分行业的产能利用率后，可加总计算出省域层面的制造业整体产能利用率：

$$CU_{it} = \sum_{j=1}^{20} \left(CU_{ijt} \times y_{ijt} \Big/ \sum_{j=1}^{20} y_{ijt} \right) \qquad (4.3)$$

二 空间动态面板模型及估计

由于产能利用率在时间维度上具有动态延续性、在空间维度上具有空间相依性，我们采用包含了空间滞后项和时间滞后项的空间动态面板模型对中国省域层面制造业产能利用率进行影响因素分析。国内采用动态面板模型和空间面板模型进行计量分析的文献较多，但是比较少的文献使用空间动态面板模型进行计量分析。参考 Yu、Jong 和 Lee（2008）的模型设定方法，本书构建了含个体效应的空间动态面板模型，具体如下：

$$C_{nt} = \alpha_{n0} + \lambda_0 W_n C_{nt} + \rho_0 W_n C_{n,t-1} + \gamma_0 C_{n,t-1} + X_{nt}\beta_0 + V_{nt}, t = 1, 2, \cdots, T$$

$$\qquad (4.4)$$

其中，$C_{nt} = (cu_{1t}, cu_{2t}, \cdots, cu_{nt})$ 是 $n \times 1$ 的列向量，是第一阶段测度得到的产能利用率；α_{n0} 是 $n \times 1$ 的固定效应截距项；W_n 是主对角线上元素为 0 且经过行标准化的 $n \times n$ 空间权重矩阵；$C_{n,t-1}$ 是因变量的时间滞后项，表示产能利用率在时间维度上的动态相依性；$W_n C_{nt}$ 是产能利用率的空间联动效应，表示不同省份之间制造业产能利用率的同期相依性；$W_n C_{n,t-1}$ 是产能利用率的空间传染效应，表示不同省份之间制造业产能利用率的跨期相互影响；X_{nt} 是非随机的解释变量的 $n \times k_x$ 矩阵；$V_{nt} = (v_{1t}, v_{2t}, \cdots, v_{nt})'$ 是 $n \times 1$ 的列向量，其中

v_{it}是服从均值为 0、方差为 σ_0^2 的独立同分布的随机误差项。式（4.4）中的待估参数有（$k_x + 4$）个一般参数（$\lambda_0, \gamma_0, \rho_0, \sigma_0^2, \beta_0'$）$'$ 和 n 个固定效应截距项 α_{n0}。

我们采用 Yu、Jong 和 Lee（2008）提出的拟极大似然估计法，对空间动态面板模型即式（4.4）进行待估参数的估计。我们令 $S_n(\lambda_0) = I_n - \lambda_0 W_n$，因此 $S_n(\lambda_0)$ 具备可逆性，$A_n = S_n^{-1}(\gamma_0 I_n + \rho_0 W_n)$，于是式（4.4）可以转换成：

$$C_{nt} = A_n C_{n,t-1} + S_n^{-1} X_{nt}\beta_0 + S_n^{-1}\alpha_{n0} + S_n^{-1}V_{nt} \qquad (4.5)$$

我们假设解释变量矩阵、固定效应截距项以及随机误差项矩阵可以无限求和，并且进一步令 $\mu_n = \sum_{h=0}^{\infty} A_n^h S_n^{-1}\alpha_{n0}$，$x_{nt} = \sum_{h=0}^{\infty} A_n^h S_n^{-1} X_{n,t-h}$，$U_{nt} = \sum_{h=0}^{\infty} A_n^h S_n^{-1} V_{n,t-h}$。那么有：

$$C_{nt} = \sum_{h=0}^{\infty} A_n^h S_n^{-1}(X_{n,t-h}\beta_0 + \alpha_{n0} + V_{n,t-h}) = \mu_n + X_{nt}\beta_0 + U_{nt} \qquad (4.6)$$

由于 $V_{nt} = (v_{1t}, v_{2t}, \cdots, v_{nt})'$ 是 $n \times 1$ 的列向量，v_{1t}是服从均值为 0、方差为 σ_0^2 的独立同分布的随机误差项。因此，V_{nt}的似然函数为：

$$f(V_{nt}) = (2\pi)^{\frac{n}{2}}(\sigma^2)^{\frac{n}{2}} e^{-\frac{v'_{nt}v_{nt}}{2\sigma_0^2}} \qquad (4.7)$$

定义 $\delta = (\gamma, \rho, \beta')'$，$\theta = (\delta', \lambda, \alpha_n')'$，$\xi = (\delta', \lambda, \alpha_n')'$。根据 V_{nt} 的似然函数和 V_{nt} 的表达式，我们可以进一步得到式（4.4）的对数似然函数：

$$\ln L_{n,t}(\theta, \alpha_n) = -\frac{nT}{2}\ln 2\pi - \frac{nT}{2}\ln\sigma_0^2 + T\ln|S_n(\lambda)| - \frac{1}{2\sigma_0^2}\sum_{t=1}^{T} V'_{nt}(\xi)V_{nt}(\xi) \qquad (4.8)$$

其中，$V_{nt}(\xi)$ 表示残差项矩阵，即：

$$V_{nt}(\xi) = S_n(\lambda)C_{nt} - \gamma C_{n,t-1} - \rho W_n C_{n,t-1} - X_{nt}\beta - \alpha_n$$

从理论上来说，直接利用对数似然函数即式（4.8）就可以得到待估参数来估计 θ_{nT} 和 α_{nT}：如果 V_{nt} 服从正态分布，那么 θ_{nT} 和 α_{nT} 是极大似然估计量；如果 V_{nt} 不服从正态分布，那么 θ_{nT} 和 α_{nT} 是准极大似然估计量。然而，待估参数 α_n 会随着样本数增加以相同的速度增加，参数估计量的一致性得不到保证，即存在冗余参数问题。为了避免冗余参数问题，可以差分方法提炼对数似然函数，即式（4.8），从对数似然函数中消除固定效应截距项 α_n，集中估计参数 θ。如果得到了参数 θ 的估计值 $\hat{\theta}_{nT}$，那么我们可以进一步估计出固定效应截距项，实现参数估计。

为了消除固定效应截距项，我们需要先对相关变量进行正交差分转换，令 $\tilde{C}_{nt} = C_{nt} - \overline{C}_{n,T}, \tilde{C}_{n,t-1} = C_{n,t-1} - \overline{C}_{n,t-1}, \overline{C}_{n,T} = \frac{1}{T}\sum_{t=1}^{T} C_{nt}$，

$\overline{C}_{n,T-1} = \frac{1}{T}\sum_{t=2}^{T} C_{n,t-1}$。类似地，令 $\tilde{X}_{nt} = X_{nt} - \overline{X}_{n,T}, \tilde{V}_{n,t} = V_{nt} - \overline{V}_{nt}$，其中

$\overline{X}_{nT} = \frac{1}{T}\sum_{t=1}^{T} X_{nt}, \overline{V}_{nT} = \frac{1}{T}\sum_{t=2}^{T} V_{nt}$。在此基础上，式（4.8）的对数似然函数可以表示为：

$$\ln L_{n,t}(\theta) = -\frac{nT}{2}\ln 2\pi - \frac{nT}{2}\ln\sigma_0^2 + T\ln|S_n(\lambda)| - \frac{1}{2\sigma_0^2}\sum_{t=1}^{T} \tilde{V}'_{nt}(\xi)\tilde{V}_{nt}(\xi)$$

（4.9）

其中，$\tilde{V}'_{nt}(\xi) = S_n(\lambda)\tilde{C}_{nt} - \tilde{Z}_{nt}\delta$，$\tilde{Z}_{nt} = (C_{n,t-1} - \tilde{C}_{n,T-1}, W_n C_{n,t-1} - W_n\tilde{C}_{n,T-1}, X_{n,t-1} - \tilde{X}_{n,T-1})$。

消除了固定效应截距项，通过最大化对数似然函数，式（4.9）可以得到一般参数 θ 的准极大似然估计量 $\hat{\theta}_{nT}$。

接下来，我们需要利用 θ 的准极大似然估计量 $\hat{\theta}_{nT}$ 估计固定效应截距项 α_n。为此，我们令 $Z_{nt} = (C_{n,t-1}, W_n C_{n,t-1}, X_{n,t-1})$，然后用

对数似然函数 $\ln L_{n,t}(\theta,\alpha_n)$ 对 α_n 求一阶偏导：

$$\frac{\partial \ln L_{n,t}(\theta,\alpha_n)}{\partial \alpha_n} = \frac{1}{\sigma_0^2}\sum_{t=1}^{T} V_{nt}(\xi) \tag{4.10}$$

式（4.10）意味着在给定 θ 情况下，α_{n0} 的估计量可以表示为：

$$\hat{\alpha}_{nT}(\theta) = \frac{1}{T}\sum_{t=1}^{T}\left[S_n(\lambda)C_{nt} - C_{nt}\delta\right] \tag{4.11}$$

三　空间权重矩阵

设定合适的空间权重矩阵是准确进行空间计量分析的基础（Anselin, Florax, Rey, 2004），只考虑地区之间的地理邻接性的权重矩阵明显不符合产能利用率的空间联动性特征。结合本书的研究内容，我们将基于地区之间的地理邻接性、经济发展相似性以及投资结构相似性，并借鉴 Case、Rosen 和 Hines（1993）的做法，采用同时包含地理、经济发展和投资结构权重的嵌套权重矩阵。

假定空间权重矩阵 W_n 中的元素用 w_{jk} 表示，反映了省份 j 与省份 k 之间的互动影响及其机制。文献中常用的地理空间权重矩阵一般是二进制地理接壤矩阵，如果两个省份接壤，那么 w_{jk} 的取值为 1，若不接壤则取值为 0。但是这种接壤的地理空间权重矩阵并不符合产能利用率空间相互影响的事实，不相邻的省份间同样存在需求市场的重叠。为此，我们采用各省份省会城市的地理距离衡量各省份间的相互影响，并认为随机省际地理距离的加大会使省际的影响降低。因此，我们采用地理直接距离的倒数作为地理空间权重矩阵中元素的取值，地理空间权重矩阵的具体设定为：

$$w_{jk}^{g} = \begin{cases} \dfrac{1}{d_{jk}}, & j \neq k \\ 0, & j = k \end{cases} \tag{4.12}$$

其中，d_{jk} 表示省份 j 的省会城市与省份 k 的省会城市之间的直线距离。

经济发展水平相近的省份之间的经济特征普遍相同，面临的制造业生产要素市场和产品市场可能也更为接近，因此，经济发展水平的差异可以作为省际的经济距离。人均国内生产总值（PGDP）指标是衡量地区经济发展水平的综合性指标，我们选用省际人均实际国内生产总值差距的倒数作为经济发展空间权重矩阵中元素的取值，经济发展空间权重矩阵的具体设定为：

$$w_{jk}^{e} = \begin{cases} \dfrac{1}{\mid \overline{PGDP_j} - \overline{PGDP_k} \mid}, & j \neq k \\ 0, & j = k \end{cases} \quad (4.13)$$

其中，$\overline{PGDP_j}$ 表示省份 j 在样本使用期间内人均实际国内生产总值的平均值，$\overline{PGDP_k}$ 表示省份 k 在样本使用期间内人均实际国内生产总值的平均值。

两个省份之间的制造业投资结构相似性越高，两个省份之间的市场联系就越强，也越有可能发生产能转移（聂飞、刘海云，2015）。本书选取投资区位熵 e 作为度量制造业投资集中度的指标，并选择制造业投资集中度的差异衡量省际投资结构的相似性。我们选用省际投资区位熵 e 差距的倒数作为投资结构空间权重矩阵中元素的取值，投资结构空间权重矩阵的具体设定为：

$$w_{jk}^{s} = \begin{cases} \dfrac{1}{\mid \bar{e}_j - \bar{e}_k \mid}, & j \neq k \\ 0, & j = k \end{cases} \quad (4.14)$$

其中，$\bar{e}_j$ 表示省份 j 在样本使用期间内投资区位熵的平均值，$\bar{e}_k$ 表示省份 k 在样本使用期间内投资区位熵的平均值。

我们对空间权重矩阵进行了标准化处理，有了地理空间权重矩阵、经济发展空间权重矩阵和投资结构空间权重矩阵后，我们可以构建一个包含三个层面信息的嵌套权重矩阵。考虑到产能利用率空间联动效应和空间传染效应受地理因素、经济发展因素以及投资结构因素的影响存在差异，我们分别构建嵌套权重矩阵 W_n^1 和嵌套权重矩阵 W_n^2：

$$W_n^1 = a_1 W_n^g + b_1 W_n^e + (1 - a_1 - b_1) W_n^s \qquad (4.15)$$

$$W_n^2 = a_2 W_n^g + b_2 W_n^e + (1 - a_2 - b_2) W_n^s \qquad (4.16)$$

其中，a_1、a_2 和 b_1、b_2 的取值分别表示在空间权重矩阵中，地理因素和经济发展因素所占比重的大小，并且有 $0 \leqslant a_1$、a_2、b_1、$b_2 \leqslant 1$，$0 \leqslant a_2 + b_2 \leqslant 1$。我们将嵌套权重矩阵引入式（4.4），建立了中国省域产能利用率的空间动态面板模型：

$$
\begin{aligned}
C_{nt} = {} & \lambda \left[a_1 W_n^g + b_1 W_n^e + (1 - a_1 - b_1) W_n^s \right] C_{nt} \\
& + \rho \left[a_2 W_n^g + b_2 W_n^e + (1 - a_2 - b_2) W_n^s \right] C_{n,t-1} \\
& + \gamma C_{n,t-1} + X_{nt} \beta + \alpha_n + V_{nt} \qquad (4.17)
\end{aligned}
$$

第二节　中国省域产能利用率的测度结果分析

一　产能利用率测度的数据说明

本书选取了 2003 ~ 2015 年中国除西藏外 30 个省、区、市（以下简称"省份"）的制造业细分行业[①]的投入产出数据测度省域层面

---

① 出于数据可获得性，一共包括农副食品加工、食品制造业、饮料制造业、纺织业、纺织服装业、造纸及纸制品、石油加工、化学原料及制品、医药制造业、化学纤维制造业、非金属矿物制品、黑色金属冶炼、有色金属冶炼、金属制品业、通用设备制造、专用设备制造、交通运输设备、电气机械及器材、通信计算机设备、仪器仪表及文化制品 20 个细分行业数据。

的产能利用率，其中产出数据为工业销售产值，投入数据包括固定资本投入和劳动投入，数据来源于国研网统计数据库中的"工业统计数据库"。投入产出数据说明如下。

（1）工业销售产值（Y）。最常被利用的产出指标应该为工业增加值，但 2008 年之后国家统计局没有公布细分行业的工业增加值，此外，2012 年之后工业生产总值数据也停止了公布，为了保证准确测度得到 2012 年之后的产能利用率，我们选取工业销售产值作为替代指标。我们还用 30 个省份和 20 个制造业行业的工业品出厂价格指数构建了 30 个省份分行业的工业品出厂价格指数，再利用得到的工业品出厂价格指数对工业销售产值进行名义调整。

（2）投入数据：固定资本投入（K），用固定资产净值来衡量；劳动投入（L），用从业人数衡量。我们用各省份的固定资产投资价格指数，对固定资产净值进行了平减处理。此外，由于 2012 年从业人数缺失，我们用线性插值法进行了插值处理。

二　中国制造业产能利用率的区域差异

我们直接采用算术平均值的方法计算了中国东北、东部、中部以及西部四个地区的制造业产能利用率，如图 4 - 1 所示。从中可以看出，2003 ～ 2015 年，中国制造业的产能利用率具有明显的时空分异特征。从区域差距来看，东部地区制造业的产能利用率最高，东北地区次之，而西部地区的产能利用率最低，并且制造业产能利用率的区域差异没有随着时间的推移而减小。从时间趋势来看，四个地区的制造业产能利用率总体变化趋势比较接近，可以细分为四个阶段：第一阶段为 2003 ～ 2007 年，良好的经济形势、需求内外部环境促进中国制造业产能利用率的提高，东部地区处于产能利用的"满负荷水平"，产能利用率提升空间较低，一直处于 88% ～ 90% 的水平，其他地区的产能利用率具有明显的追赶效应；第二阶段为 2008～2009 年金融危机冲击下的周期性产能过剩阶段，国际金融危机给全球经济带来巨大损害，国内外需求疲软导致各区域制造业的产能利用率下滑，具有明显的周期性产能过剩特征；第三阶段为 2010～2011 年短期反弹阶段，中国政府为了应对金融危机，出台了大量需求端干预措施，导致国内制造业的市场需求增加，很大程度上化解了产能过剩；第四阶段为 2012～2015 年的制造业产能过剩危机全面爆发阶段，国际金融危机冲击和政府大量需求端经济干预措施让中国制造业供求关系的结构性矛盾和产能调整的体制性扭曲彻底暴露，各区域的产能过剩迅速恶化，并且呈长期下滑趋势。总体而言，各区域间的产能利用率具有明显的联动性特征，并且 2008 年以来中国制造业的产能利用情况出现结构性变化，制造业产能过剩问题呈现长期性、复杂性特征。

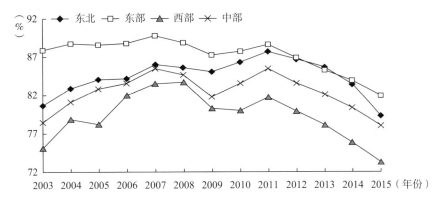

图 4 - 1　2003～2015 年中国制造业产能利用率的区域差异

三　中国制造业产能利用率的省际比较

为了进一步全面了解中国制造业产能利用率的省际差异，图 4 - 2、图 4 - 3、图 4 - 4 以及图 4 - 5 依次列出了 2003～2015 年中国东部省份、东北省份、中部省份以及西部省份制造业的产能利用率，接下来我们将依次进行分析。

东部地区一共包含了北京、天津、河北、上海、江苏、浙江、福建、山东、广东和海南 10 个省份，绝大多数省份的制造业产能利用率一直维持在 80% 以上，并且普遍高于全国平均水平，东部省份的产能利用相对比较充分。从图 4 - 2 可以看出，2008 年以前，各省份的产能利用率都非常接近于 90%，波动水平也较低，说明 90% 是省域产能利用率的"满负荷水平"。从 2008 年开始，各省份的产能利用率均出现下滑，产能利用能力较强的东部省份也无法避免受到此轮产能过剩危机的冲击。河北和海南的产能利用率波动较大，河北的产能利用率波动是由过度依赖传统重工业的产业结构导致的，海南的产能利用率波动是受岛屿大开发的影响。

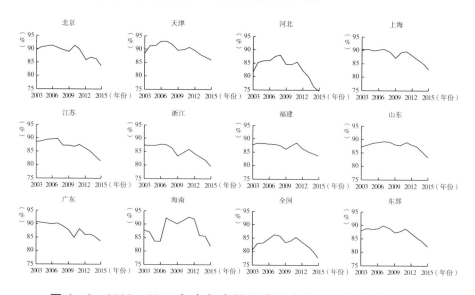

图 4 - 2 2003～2015 年东部省份制造业产能利用率的省际差异

东北地区一共包括辽宁、吉林和黑龙江 3 个省份，3 个省份的产能利用率主要为 80%～90%，并且波动较大。2003 年，振兴东北老工业基地战略正式启动，东北地区的制造业得到较快发展，产能利用率快速提升，特别是对辽宁和黑龙江来说。但是，近年来，东北地区的整体经济发展水平下滑，制造业出现明显的产能过剩，东北地区制造业产能过剩已经成为政府工作的重大挑战。

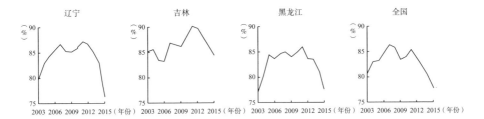

图 4 - 3　2003 ~ 2015 年东北省份制造业产能利用率的省际差异

中部地区一共包括山西、安徽、江西、河南、湖北和湖南 6 个省份，这些省份的产能利用率水平和变动趋势非常一致。中部地区省份的产业结构、研发创新能力甚至地理位置等非常类似，面临的需求冲击以及应对能力水平也较为接近，从而表现为产能利用率情况较为接近。此外，中部地区的山西省产能利用率异常低，长期处于 80% 以下的水平，并且近几年产能利用率低于 70%。

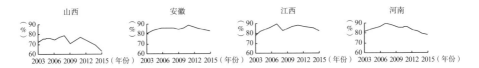

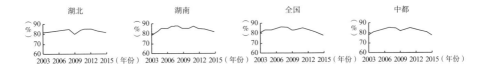

图 4 - 4　2003 ~ 2015 年中部省份制造业产能利用率的省际差异

西部地区一共包括内蒙古、广西、重庆、四川、贵州、云南、陕西、甘肃、青海、宁夏和新疆 11 个省份，这些省份的产能利用率普遍较低，尤其是贵州、云南、甘肃、青海和宁夏 5 个省份，产能

利用率长期低于 80%。此外，西部地区受此轮产能过剩危机的影响
具有非常明显的异质性反应，广西、重庆、四川以及贵州只受到短
暂的不利冲击，随后产能利用率一直处于相对稳定状态，而其他省
份近几年的产能利用率出现非常明显的下滑趋势。

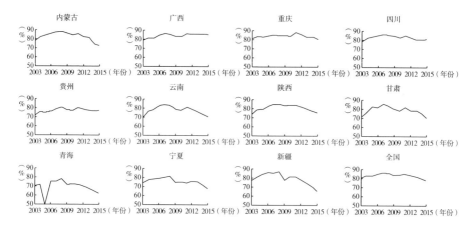

图 4 - 5　2003 ~ 2015 年西部省份制造业产能利用率的省际差异

第三节　中国省域产能利用率影响因素的
空间计量分析

一　变量和数据说明

这一部分我们旨在对省域制造业产能利用率的影响因素进行空
间计量分析，我们的解释变量是前文测度得到的省域层面上制造业
整体产能利用率。鉴于数据可得性，我们选取了 2004 ~ 2014 年省际
面板数据作为研究样本。在借鉴已有文献的基础（杨振兵，2015，
2016）上，我们选取了如下解释变量，并且对相关变量的数据处理
和选择理由进行了简要说明，我们对相关变量进行了描述性统计，
如表 4 - 1 所示。

表 4 - 1　变量的描述性统计

变量	样本（个）	均值	标准差	最小值	最大值
cu	319	0.8382	0.0538	0.4984	0.9300
mfi	319	3.3236	2.5219	0.4243	12.9468
inv	319	0.4391	0.2124	0.0848	1.2202
exp	319	0.0895	0.0944	0.0010	0.4475
rd	319	0.0183	0.0116	0.0008	0.0623
stru	318	0.0799	0.0746	0.0023	0.3220
ofdi	319	1.6983	1.4427	- 2.4896	4.8945

（1）出口比重（*exp*），我们用出口交货值占工业销售产值的比重衡量。外部需求冲击作为需求冲击的一种，是制造业产能利用率变化最为直接的原因，出口比重的变化可以在很大程度上解释产能利用率的变化。为此，我们预期出口比重对产能利用率有正向影响。

（2）市场分割（*mfi*），参考罗勇和刘锦华（2016）的方法，我们采用"相对价格法"测算各省份的市场分割程度。市场分割指数越高，意味着市场分割程度越高，政府地方保护主义程度越高。地方对地方企业的保护会加剧过剩产能的形成和阻碍过剩产能化解，我们预期市场分割对产能利用率有负向影响。

（3）固定资产投资（*inv*），用各省份的固定资产投资占各省份工业增加值比重衡量。过度固定资产投资是过剩产能形成的直接渠道，会直接使产能利用率偏低，我们预期固定资产投资对产能利用率有负向影响。

（4）对外直接投资（*ofdi*），用对外直接投资存量占各省份总产值的比重衡量，取对数。对外直接投资会通过出口贸易、国际市场竞争、逆向知识溢出和投资替代等渠道影响母国产能利用率，我们预期对外直接投资对产能利用率有正向影响。

（5）研发投入（rd），我们用研发投入占各省份工业销售产值的比重衡量各省份研发创新能力。研发投入可以直接缓解供求关系的结构性失衡，加速企业产品更新以满足市场升级需求，我们预期研发投入具有提高产能利用率的作用。

（6）产业高级化（stru），我们用高新技术行业产值占地区生产总值的比重衡量。高新技术行业的产品质量较高，会提高行业应对不利需求冲击的能力，此外，进入门槛和技术壁垒高会阻碍过剩产能形成。因此，我们预期产业高级化对产能利用率有正向影响。

二 空间动态面板模型的回归结果分析

我们采用 Matlab 编程①对空间动态面板模型进行参数估计，我们采用格点搜索法寻找 a_1、a_2、b_1 和 b_2 的取值，似然函数值最大时对应的参数取值为我们的结果，估计结果如表 4-2 所示。从表 4-2 可知，各个解释变量的回归结果总体符合预期，估计结果比较可靠。对外直接投资对省域层面的产能利用率具有显著的正向影响，这既符合理论预期，也符合我国现实情况。随着中国制造业的快速发展，传统低端制造的模式难以维持，应该鼓励企业通过对外直接投资的方式更多地接触国际技术前沿，提高我国制造业水平。此外，对外直接投资还可以通过刺激出口贸易、产能转移等方式促进产能利用率提升。市场分割对产能利用率的影响系数虽然为负值，但是并不显著，说明从政府干预的角度解释中国 2008 年金融危机冲击下的制造业产能过剩可能并不合理。中国政府一直通过努力降低干预市场

---

① 实际上，我们是在 Elhorst 的程序上做了修改，参见 http://www.regroningen.nl/elhorst/software.shtml。

的程度、理顺资源要素价格形成机制等方式，强化市场对要素资源配置的核心作用，但是产能过剩依然困扰着中国，说明传统上只从政府干预角度解释中国制造业产能过剩的思路需要转变，至少在产能过剩治理方面应该有新的逻辑思路。固定资产投资作为过剩产能形成的直接渠道，对产能利用率具有显著的负向影响，符合我们的预期。出口比重系数的 T 值为 1.78，在 10% 的显著性水平下显著，说明出口贸易冲击的确会对产能利用率造成显著影响。产业高级化的系数也为正，并且 P 值为 0.106，可以认为产业高级化会提高产能利用率。最后，值得注意的是，研发投入的系数与我们预期并不符合，其系数为负值但并不显著，说明研发投入对省域制造业产能利用率的影响并不显著，即研发创新化解制造业产能过剩的机制尚未奏效。

表 4 - 2　省域产能利用率空间动态面板模型的估计结果

参数	变量	系数	标准误	T 值	P 值
γ	滞后项	0.1727***	0.0426	4.05	0.000
λ	联动效应	0.4962***	0.0795	6.25	0.000
ρ	传染效应	0.3457***	0.0796	4.34	0.000
β	对外直接投资	0.0073***	0.0023	3.14	0.002
	研发投入	− 0.2045	0.2652	− 0.77	0.441
	市场分割	− 0.0003	0.0007	− 0.42	0.672
	固定资产投资	− 0.0828***	0.0156	− 5.33	0.000
	出口比重	0.1227*	0.0691	1.78	0.077
	产业高级化	0.1391	0.0858	1.62	0.106
$Cons$	常数项	− 0.0089	0.0708	− 0.13	0.900
Log L	对数似然值	714.1066			

注：***、**以及*分别表示在 1%、5% 和 10% 的显著性水平下显著。

此外，γ、λ、ρ 的回归结果也符合预期，表明产能过剩存在动态相依性、空间联动性和空间传染性特征。第一，滞后项的回归系数为 0.1727 且在 1% 的显著性水平下显著，说明制造业产能过剩具有显著路径依赖的"惯性"特征，与产能过剩"久治不愈"和"日益严重"相吻合。第二，联动效应的系数为 0.4962 且在 1% 的显著性水平下显著，说明产能过剩在省际存在显著的联动效应，某些省份产能过剩会带来其他省份的产能过剩。尽管中国省际存在市场分割现象，工业品价格依然存在较强的联动性，此外，相邻省份的制造业面临的需求市场也存在重叠，某个省份产能过剩必然会引发相邻地区的产能过剩。第三，传染效应的系数为 0.3457 且在 1% 的显著性水平下显著，说明产能过剩在省际存在显著的传染效应，某些省份的产能过剩会引发相似地区同样出现产能过剩。传染效应主要指相邻省份通过产能迁移、需求市场竞争的方式引发产能过剩在空间上存在滞后性传染，但是产能迁移销售战略的改变需要一定的周期，在时间上存在滞后性。

总体而言，基于省域层面的制造业产能过剩影响因素分析的实证结果与第三章的实证结果非常吻合。主要得到以下结论：第一，固定资产投资是产能过剩的形成渠道，实证结果也支持过度投资引致中国制造业产能过剩的观点；第二，在中国制造业领域，研发创新缓解供求关系结构失衡、化解产能过剩的作用机制尚未奏效；第三，外部需求冲击是产能过剩的直接原因，对产能过剩的影响显著；第四，中国制造业的产能过剩具有路径依赖的"惯性"特征，在现实经济中表现为产能过剩治理出现"久治不愈"。此外，我们还有一些新的发现：第一，鼓励企业对外直接投资的"走出去"战略有利于中国制造业产能过剩治理，这符合我们的理论与经验预期；第二，省域层面的制造业产能过剩存在联动效应和滞后效应，产能过剩会在省份间蔓延，产能过剩需要各地区政府的协调治理。

第四节　本章小结

测度省域层面的产能利用率一直是产能过剩研究的一个难题，我们利用中国省域层面的 20 个制造业分行业投入产出数据，用行业加权方法计算得到省域层面上的产能利用率。测度结果表明，中国制造业的产能利用率具有明显的时空分异特征；从区域角度看，东部地区制造业的产能利用率最高，东北地区次之，而西部地区的产能利用率最低，且制造业产能利用率的区域性差异并没有随着时间的推移而减小；从时间趋势来看，2008 年以来，中国制造业的产能利用情况出现结构性变化，制造业产能过剩呈现长期性、复杂性特点。

本章采用空间动态面板模型考察省域产能利用率的影响因素，产能利用率影响因素的实证结果与第三章的实证结果非常吻合。影响因素分析结果的核心观点是，需求冲击是产能过剩的直接原因，固定资产投资是产能过剩的形成渠道，而我国研发创新缓解供给关系结构性矛盾、治理产能过剩的机制尚未奏效，鼓励企业对外直接投资的"走出去"战略有利于化解中国制造业的产能过剩。此外，空间计量模型结果也表明，产能过剩在省际存在联动效应和滞后效应，说明产能过剩不仅会在行业间蔓延，也会在区域间蔓延。

在当前制造业产能过剩"久治不愈"和"日益严重"的背景下，本章与第三章的研究结果具有重要理论意义和现实意义。

第一，省域层面的制造业产能过剩存在联动效应和滞后效应，此外，当前产能过剩也存在向全部行业蔓延的趋势，为此，产能过剩治理并不是某一行业、某一地区的事情，产能过剩治理应该遵循"全面布局、统一协调、重点攻防"的思路，治理过程中应该加强区域间合作和行业间协调。

第二，需求冲击经常会引发制造业产能过剩危机，这一点是我们无法避免的，但是，需求冲击只是制造业产能过剩危机爆发的导火线。为此，需要进一步从理论和经验研究的角度考察如何避免需求冲击造成产能过剩，即考察需求冲击对不同企业、行业或者地区产能过剩的异质性影响。许多学者纠结于中国产能过剩的周期性和非周期性划分，显然已经偏离了正确的研究方向，得出的产能过剩治理思路也并不可靠。

第三，固定资产投资通常造成制造业产能过剩，这说明中国大量投资是低效率和低质量的。有学者直接指出中国制造业产能过剩的根源是过度固定资产投资，认为要通过遏制投资规模的方式治理产能过剩。但是，中国固定资产投资增速在近几年不断下滑，2016年固定资产投资增速更是创16年新低，民间投资增速也出现断崖式下滑，扭转投资增速下滑趋势是激发当前经济活力的关键。因此，以遏制投资规模的方式治理产能过剩毫无疑问会造成经济增长速度断崖式下滑。激发企业有效投资的动机，优化企业的投资结构和提高企业的投资质量，才是化解经济危机和产能过剩的出路。

第四，从理论上来说，研发创新能够缓解产品供求关系的结构性矛盾，然而，中国制造业领域的研发创新化解产能过剩的机制尚未奏效。为此，需要进一步研究研发创新活动对产能过剩或者产能利用率的影响，识别研发投入和产能利用率的因果关系。在此基础上，我们在后续章节中将进一步探讨研发创新化解产能过剩机制失效的根源，为创新驱动发展战略化解产能过剩提供思路。

第五，对外直接投资对产能利用率具有显著的正向影响，说明我国在制造业产能过剩背景下继续坚持鼓励企业对外直接投资的"走出去"战略是可行的，我们的实证结果也为中国政府进一步推动

"一带一路"倡议提供了科学依据。但是，直接利用计量回归分析只能说明对外直接投资对产能利用率有显著的正向影响，但并不能说明因果关系。为此，在后文中，我们将利用微观企业数据，采用现代微观计量方法，识别对外直接投资与产能利用率的因果关系，为"走出去"战略和"一带一路"倡议化解产能过剩提供更为可靠的科学依据。

第五章　研发投入、创新方式与产能过剩治理：
来自制造业的实证依据

正如前文分析，中国此轮产能过剩的本质是企业的创新能力不足以及企业产品的技术含量不高，表现为传统低端制造业产品的供给过剩，高技术含量的高端产品有效供给却存在不足，以企业供给不能满足需求不断升级的结构性产能过剩为主，是中国制造业长期锁定于国际低端价值链、研发创新能力不足的结果。从微观层面上破除企业研发投入不足、缺乏创新能力的现状，可能对化解企业产能过剩更为有效。中国社会科学院发布的《2016 年中国经济前景分析》也认为造成产能过剩的根本原因在于转型升级不畅，治理产能过剩必须坚持创新驱动发展战略，提升企业的技术创新能力（李扬，2016）。但是，基于省际层面和行业层面的实证分析表明，研发创新化解制造业产能过剩的作用机制尚未奏效，因此，进一步分析研发创新能否提高产能利用率以及揭示研发创新作用机制失效的原因是十分有必要的。

探讨研发投入与企业产能利用率关系的理论和实证文献相对较少，王立国、高越青（2012）首次从理论上阐述了研发投入或创新能力不足在产能过剩形成和治理阶段扮演重要角色，认为创新能力缺失会引起企业产能利用不足。杨振兵（2015，2016）也认为研发投入可以提升企业的生产技术水平和产品质量，能够化解产能过剩。

周瑞辉和廖涵（2015）采用中国工业企业数据实证研究发现，研发强度对产能利用率存在一定的负向影响，但并不显著，研发投入反而恶化企业的产能过剩。周亚虹等（2015）发现新能源产业在政府扶持下扩张但研发投入不足，据此推断研发投入不足造成企业产品的同质化现象加剧、产能过剩突出。夏晓华等（2016）利用世界银行的微观调查数据实证研究发现，企业创新可以有效化解企业的产能过剩问题。由于相关实证研究并没有集中精力考察研发创新与产能过剩的关系，研究设计和检验程序并不严谨，得到的结论难以让人信服。周瑞辉和廖涵（2015）在微观层面的研究结论有悖于以促进企业研发创新方式治理产能过剩的逻辑，周亚虹等（2015）的结论又是基于理论阐述的推论。此外，相关研究均忽视了产能利用率与企业研发投入之间的反向因果关系（Gorodnichenko，Schnitzer，2013），即未处理企业研发投入的内生性，估计结果可能有偏。

在中国制造业企业创新能力不足的背后，是企业以模仿创新和微创新的方式不断推进产品的更新和升级，速度之快令人惊叹。然而，产品的快速更新升级并没有改变企业产品竞争力不足、市场需求萎靡的现状。甚至有学者发现，产品创新和流程创新化解产能过剩的作用机制相对失效，营销创新的作用更为突出（夏晓华等，2016）。研发投入不足、自主创新能力缺失以及企业间大量模仿创新是造成中国制造业产品竞争力不足、产能过剩突出的原因吗？缺乏自主创新能力是不是企业产品创新和流程创新化解产能过剩作用相对失效的根源？本书试图利用微观企业数据考察研发投入、创新方式对企业产能利用率的影响，以期回答上述问题，为创新发展化解当前产能过剩提供理论支撑和实证依据。

本书的主要贡献是：第一，在研究视角上，利用世界银行营商环境调查中的中国制造业企业数据，从企业研发创新能力不足的视角解释中国制造业产能利用率低的问题，为企业通过创新发展化解产能过剩提供实证依据；第二，在研究方法上，采用倾向性得分匹配法、工具变量回归分析以及联立方程组模型，克服 OLS 估计方法的内生性，获得稳健性结论；第三，进一步将企业的创新方式细分为自主创新、合作创新以及模仿创新，分别考察其对产能过剩的影响，探讨产品创新和流程创新化解产能过剩作用机制相对失效的原因。

第一节 理论框架与研究假说

一 产能过剩形成机制的理论框架

中国产能过剩形成原因和机制分析的传统理论框架为"市场失灵/政府干预—过度投资、退出机制受阻—产能过剩"，核心观点是"市场失灵"和"政府干预"导致企业盲目扩大产能，引发过度投资、重复建设等问题，且阻碍了企业正常退出，形成过剩产能。传统理论框架容易形成一个误区，认为投资带来产能过剩，降低固定资产投资的增速是去产能的有效方式。但是，中国固定资产投资增速在近几年不断下滑，2016 年固定资产投资增速创 16 年新低，民间投资增速也出现断崖式下滑，扭转投资增速下滑趋势是激发当前经济活力的关键（刘树成，2016）。此外，中国人均投资规模依然较小，人均资本存量依然较少，资本积累对经济增长的作用不容忽视，尤其就正处于萌芽期和成长期的战略性新兴产业而言，实际产能严重不足，企业的产能利用率偏低并不能被简单归因于过度投资。事实上，中国制造业的产能过剩并非全面性的产能过剩，而是企业供给不能满足需求不断升级的结构性过剩，主要表现为传统低端制造业产品的供给过剩，高技术含量的高端产品有效供给存在不足。结构性过剩很大程度上又取决于政府不当干预和创新生态不完善造成的企业投资结构扭曲，企业缺乏激励进行技术升级的投资，导致企业的创新能力不足，不能应对不利的市场需求冲击。本书重新梳理了产能过剩形成机制的理论框架，如图5-1所示。

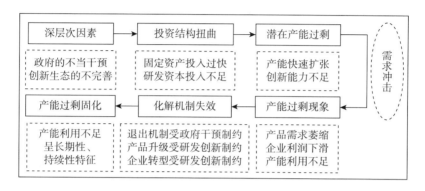

图 5 - 1　产能过剩形成机制的理论框架

政府的不当干预和创新生态的不完善会导致工业投资结构扭曲，使企业倾向增加固定资产投资，而缺乏激励进行诸如研发支出、无形资产中的技术专利等技术资产类型的投资。地方政府出于政绩冲动、权力寻租、权力扩张、"父爱主义"等动机，会违背市场规律，追求短期利益，干预企业的投资行为（余东华、吕逸楠，2015）。地方政府为了吸引投资，常以低于市场价格甚至零地价将土地提供给生产企业，变相地向企业提供投资补贴。地方政府还会干预国有银行的贷款，为企业固定资产投资提供低成本的金融资源。此外，政府还会通过扭曲资源要素价格、提供税收优惠等方式，对企业投资活动的成本产生重大影响。但是，地方政府的投资补贴主要针对固定资产投资：一方面，政府难以识别企业的研发创新行为，更加难以掌握企业的研发创新成本，无法设计和制定合理的研发投资补贴方案，以刺激企业的研发投资活动；另一方面，地方政府投资补贴的主要动机是促进地方经济增长和增加就业机会，地方政府更加关注企业投资规模的扩大，忽视企业的经营绩效和创新能力。进一步，法律法规、观念以及公共资源等创新生态的不完善会导致企业的研发投资成本相对较高，研发投资的收益又因缺乏知识产权保护而受到损害，企业缺乏激励研发投入的动机。政府不当干预为企业提供固定资产投资补贴，创新生态不完善压缩企业研发投资的获利空间，企业偏向传统固定资产投资，并不愿意投资诸如无形资产中的技术专利等。技术密集型产业同样可以选择通过技术引进方式满足相关要求，以避免研发投资活动的不确定性。

企业投资结构不完善的后果是企业的低端产能快速扩张，研发创新能力并没有获得相应提高，企业间的产品结构存在严重的同质性问题，企业面临潜在产能过剩的风险。当市场出现不利的需求冲击时，市场对企业产品的需求萎缩，企业生产的产品难以销售造成库存积压，产品价格急剧下跌，企业利润空间下滑，企业不得不降低产能利用率，即企业出现产能过剩。进一步，政府为了维持经济增长和就业，会通过政府补贴、金融支持等手段继续给产能过剩企业"输血"，使得企业退出机制受阻。同时，企业研发投入不足又导致企业缺乏能力使产品升级和实现企业转型，产能利用不足不能有效消除，最终产能过剩固定化，产能利用不足呈长期性、持续性特征。

二 研究假说

企业研发投入不足不仅会导致企业投资偏向低端领域，而且会阻碍企业产品结构升级和企业转型，导致企业产能利用率较低。企业增加研发投入，能够提高企业的创新能力和企业产品的技术含量，可以提高企业以产品质量、标准、技术为核心要素的市场竞争力，能够有效消除产能利用率较低的问题。正如相关研究指出，研发创新是增强企业市场实力和增加企业市场份额进而化解产能过剩的重要手段。美国、德国、日本等发达国家的经验也表明，通过加大科研投入，推动企业技术创新和增加产业链附加值，可以有效化解国内产能过剩（刘建江等，2015）。研发投入是评价企业创新能力最为客观的指标，研发投入越多意味着企业创新能力越强，研发投入应该能够有效提高企业的产能利用率。基于以上论述，本书提出如下假说。

假说1：研发投入能够提高企业的产能利用率，研发投入越多的企业的产能过剩越不严重。

产能过剩企业面临更为严重的产能利用不足、库存积压问题，企业开展研发活动的动机是加速产品更新升级，刺激市场对企业产品的需求，实现企业产品供给与市场需求"无缝"对接，提高企业的产能利用率。因此，对于产能过剩企业和非过剩企业，研发投入提高企业产能利用率的作用应该存在异质性，产能过剩企业的研发投入对产能利用率的促进作用应该更为突出。基于此，本书提出如下假说。

假说2：研发投入提高企业产能利用率的作用在产能过剩企业与非过剩企业存在异质性，产能过剩企业的研发投入对产能利用率的促进作用更为突出。

研发投入有利于提高企业产能利用率，但不同类型企业创新的作用效果应该存在差异。产品创新可以有效区分产品市场、对消费者的甄别分类和刺激市场需求；流程创新有利于降低企业产品的生产成本和提升企业产品的质量，有利于增强既有产品的市场竞争力，释放过剩产能；组织创新可以优化管理流程、理顺供求关系，通过提高生产效率提高企业的产能利用率；营销创新可以刺激消费市场对企业产品的需求，并且能够灵活地依据市场信息来调整生产能力。

中国制造业企业由于创新能力缺失以及产品技术含量偏低造成产能利用不足。在此背景下，产品创新可以直接化解企业自主知识产权和自主品牌的产品或服务供给不足的现状，流程创新可以提高企业产品的技术含量和竞争力，产品创新和流程创新理应在化解产能过剩过程中发挥更为重要的作用，实证研究却发现两者消除产能过剩的作用机制相对失效（夏晓华等，2016）。

企业的产品创新和流程创新可以通过自主创新、合作创新、模仿创新三种创新方式实现，产品创新和流程创新化解产能过剩作用机制相对失效很有可能是由制造业企业过度依赖模仿、缺乏自主创新能力导致的。中国企业的技术创新过于依赖国外技术引进和改造，在执行过程中出现低端技术重复引进、技术的消化吸收能力不足以及技术创新依赖国际技术输出等问题，不但无法提高企业产品的技术含量和企业的创新能力，还加剧企业产品面临的"结构性产能过剩"，缺乏自主创新能力可能才是制造业产能过剩恶化的根源（王立国、高越青，2012）。张倩肖和董瀛飞（2014）也指出在产能建设周期前提下，渐进式工艺创新比裂变式创新更容易造成"潮涌现象"，即突破性创新更有利于提升企业的产能利用率。只有能够持续提高企业竞争力的创新才能够有效化解产能过剩，因此，企业开展自主创新活动化解产能过剩的效果更为突出，模仿创新可能会进一步恶化企业产能利用不足的现状。此外，合作创新是介于自主创新和模仿创新之间的创新方式，通过与供应商、企业客户合作开发新产品，可以确保企业创新利益不被侵害以及企业产品的市场需求。基于此，本书提出如下假说。

假说3：企业自主创新和合作创新的去过剩产能效果更为突出，而模仿创新去过剩产能的效果不佳或者不具有化解产能过剩的作用。

第二节　实证模型设定与数据说明

一　计量模型设定

借鉴干春晖等（2015）、Tian（2016）的模型设定形式，建立如下研发投入与企业产能利用率关系的回归模型：

$$CU_{it} = \alpha + \delta \times Rd_{it} + X_{it}\beta + Z_i\gamma + \varepsilon_{it} \tag{5.1}$$

其中，i、t 分别表示第 i 个企业、第 t 年；CU_{it} 代表企业的产能利用率；Rd_{it} 为企业的研发创新活动情况，包括研发投入虚拟变量（Dum_rd）、研发投入（$lnrd$）；X_{it} 代表企业规模、人力资本等随时间变化的控制变量；Z_i 代表所有权结构、融资约束程度等仅在个体维度上度量的控制变量。

被解释变量为企业的产能利用率，企业调查问卷中披露了所有企业 2002~2004 年的产能利用率，核心解释变量是企业的研发投入情况，从研发投入虚拟变量和研发投入规模两个角度衡量企业的研发投入。根据研究目的，在借鉴相关经验研究的基础上，选取以下影响企业产能利用率的控制变量（如表 5-1 所示）。

表 5-1　变量定义与描述性统计

变量	定义	均值	非研发企业	研发企业
cu	产能利用率	80.0997	78.1257	81.7458
d_rd	是否为研发企业	0.5453	0	1
$lnrd$	研发投入，投入金额加 1 取对数	3.2859	0.0000	6.0221
$lnsize$	企业规模，固定资产净值的自然对数	9.3214	8.5903	9.9293
$human$	人力资本，大专以上学历员工数的比例	0.1724	0.1341	0.2043
$lnage$	企业年龄，取对数	2.0505	1.9635	2.1231

变量	定义	均值	非研发企业	研发企业
compet	市场竞争程度，取值为 0 ~ 4	1.1278	1.0176	1.2196
unstable	政策不确定性，取值为 0 ~ 4	0.9300	0.8275	1.0154
finace	融资能力，取值为 0 ~ 4	1.3967	1.2814	1.4929
d_soe	是否为国有企业，国有股权 > 50%	0.1333	0.1144	0.1491
d_fdi	是否为外资企业，外资股权 > 50%	0.1432	0.1634	0.1264
d_exp	是否为出口企业，出口比例 > 0	0.3768	0.2778	0.4594
IMF	市场分割程度，省际层面数据	1.3636	1.3929	1.3393
lnprod	劳动生产率，取对数	5.1659	4.9939	5.3088

（1）企业规模（ln*size*），用企业固定资产净值的自然对数衡量。企业规模对产能利用率可能存在两方面的影响：一方面，企业的规模有利于企业产品多元化和获取规模经济效益，可以提高企业的产能利用率；另一方面，企业规模与企业生产经营调整成本相关，小型企业具有更为高效的调整策略，企业规模过大可能会对企业的产能利用率产生负向影响。

（2）企业年龄（ln*age*），用年份减去公司注册年份并取对数衡量。企业在生产经营活动中存在学习效应，存续时间较长的企业在管理经验、市场经验以及产能调整方面更有优势，即企业年龄可以提高企业的产能利用率（干春晖等，2015）。

（3）人力资本（*human*），用大专以上学历员工数占企业员工数比重衡量。人力资本越强越有利于企业产品质量和技术含量的提升，对企业的产能利用率有正向影响；此外，人力资本较强的企业通常具有较高的产能调整成本和较长的投资周期性，人力资本可能对企业的产能利用率有负向影响。

（4）市场竞争程度（*compet*），用企业所面临的竞争者数量构造市场竞争程度指数，取值为 0 ~ 4，取值越大，说明企业面临的竞争越激烈。"过度竞争"理论认为市场上企业的数目过多会降低企业的资本回报率，造成行业长期处于产能利用不足状况，此外，较激烈的市场竞争也会导致企业采取过度投资的策略行为，以保持剩余产能作为阻止对手进入的可置信威胁策略，市场竞争对企业的产能利用率存在不利影响。

（5）融资能力（*finance*），选用调查问卷中关于 2003 年央行紧缩政策对企业贷款情况的影响间接衡量企业的融资能力，取值为 0～4，取值越高，说明企业融资能力越强。企业能够获取外部信贷资源的能力越强，越能激励企业扩大产能，抢占市场份额，预期融资能力对企业的产能利用率具有负向影响。

（6）政策不确定性（*unstable*），世界银行在对企业进行调查时设置了"政策不确定性对企业运营与成长的影响程度多大"这一问题，取值为 0～4，取值越大意味着从受访者的主观感受来讲，政策不确定性程度越大。政策不确定性不仅会使市场中的信息不对称和增加风险，而且会加剧国有、民营二元经济的扭曲，对企业的产能利用率有负向影响（罗美娟、郭平，2016）。

（7）市场分割程度（*IMF*），用"价格法"在省际层面上衡量，市场分割程度越强，表示企业受地方保护越严重。地方政府干预程度越强，企业产能扩张的激励越大，预期市场分割对企业产能利用率存在负向影响。

（8）是否为出口企业（*d_exp*），若企业的海外销售比例大于 0，取值为 1，否则取值为 0。出口贸易的"销售效应"带来需求正向冲击，可以提高企业的产能利用率；出口贸易的"学习效应"可以提升企业对行业前沿技术的利用水平，进而会提高企业的生产效率和生产率，最终有利于企业产能利用率的提升。此外，出口贸易还会提升国内企业生产的产品在国际市场上的竞争力，有利于提高企业的产能利用率（杨振兵，2015）。

（9）是否为研发企业（*d_rd*）和研发投入（lnrd）。

此外，本书还控制了企业的所有权性质，是否为国有企业（*d_soe*），定义为国有股权所占比例大于 50% 的企业；是否为外资企业（*d_fdi*），定义为外资股权所占比例大于 50% 的企业。本书还选择了年份、城市以及行业的虚拟变量来控制时间固定效应以及企业所在城市的特征和所属行业的特征。2012 年调查样本分析的被解释变量为是否产能过剩，核心解释变量包括是否具有自主创新决策、是否具有合作创新决策以及是否具有模仿创新决策三个虚拟变量。控制变量的定义尽可能与前文保持一致，但略有差异。

在使用倾向得分匹配法时，使用 OLS 回归分析的所有控制变量以及劳动生产率（取对数）作为处理组和对照组的匹配变量。表 5 - 1 给出了本书主要变量的定义和描述性统计结果。可以看出，研发和非研发企业之间的匹配变量存在明显的差异。

二　变量内生性及其处理

使用合适的估计办法得到回归参数 δ 的一致性估计量是本研究的核心，而传统的 OLS 估计方法无法解决产能利用率与研发投入之间联立性问题和遗漏变量问题所导致的内生性问题。产能利用率会影响企业的研发投资决策，从而导致研发投入与企业产能利用率之间存在联立性；产能利用率反映了企业的组织效率和创新的执行力，产能利用率越高的企业越有能力成功实施研发活动，产能利用率还会改善企业的利润、现金流等财务绩效，有助于企业研发投入获得内外部融资支持，对企业的研发投入有正向影响（Gorodnichenko，Schnitzer，2013）；低产能利用率企业可能会通过研发创新寻求企业转型升级，产能利用率对研发创新活动参与有负向影响。此外，回归分析中不可能穷尽所有控制变量，不可避免地存在遗漏变量问题。联立性问题和遗漏变量问题导致的内生性问题会使研发投入的回归系数有偏，从而不能有效识别产能利用率与研发投入之间的因果关系。

为了克服研发创新活动的内生性问题，首先，通过增加时间、行业以及城市层面的固定效应尽可能控制不可观测的遗漏变量问题导致的内生性问题；其次，利用倾向得分匹配法（PSM）规避研发创新参与的"自选择"效应带来的样本异质性，从而消除样本异质性对研究结果造成的估计偏差，在消除了样本异质性偏差后，采用平均处理效应（ATT）的半参方法衡量企业实施研发创新活动对产能利用率的影响；再次，采用工具变量回归分析的方法克服企业研发创新的内生性问题，一是参考 Fisman 和 Svensson（2007）对内生性问题的处理方式，将研发创新指标涉及城市－行业的平均值作为工具变量，二是选取滞后 1 期和滞后 2 期的研发创新指标作为工具变量；最后，构建联立方程组模型，使用三阶段最小二乘法（3SLS）这一系统估计方法进行参数估计，系统性地考虑研发投入与企业产能利用率之间的联立性。

三　数据来源说明

世界银行关于中国营商环境调查的微观数据库是仅有的涉及中国企业产能利用率指标的微观数据库，该调查经过科学的抽样方式进行调查单位的筛选，并有严格的数据质量控制机制，有较高的可信度、权威性和客观性。2005 年的调研数据涵盖了中国 120 个城市的所有二分位制造业，共计 12400 家被调查企业，被调查企业分布在除西藏和港澳台之外的 30 个省、自治区、直辖市，提供了丰富的企业基本信息、投资环境、企业财务指标、所有权结构以及公司治理信息等，涉及 2002～2004 年的数据。2012 年调查数据包含中国 25 个大城市的 2700 家注册类型为非国有企业的制造业样本，主要为

2011 年数据，调查包含大量关于企业创新方式、企业产能利用率以及其他企业特征的问题。

本书利用 2005 年世界银行营商环境调查中的中国制造业企业数据，考察研发投入对企业产能利用率的影响。被解释变量为企业的产能利用率，问卷中企业投资环境调查部分中财务状况需要企业报告研发投入经费情况，据此可以构建企业研发参与和研发投入规模两个核心解释变量。世界银行营商环境调查的数据显示，2002～2004 年无研发企业的平均产能利用率分别为 75.31%、78.70% 和 84.47%，而有研发企业的平均产能利用率分别为 78.96%、81.73% 和 84.87%，说明从样本描述来看有研发企业的产能利用率高出无研发企业 3.65 个、3.03 个和 0.40 个百分点，即研发投入有助于提升企业的产能利用率。在正式估计之前，我们绘制了基于 120 个城市的研发参与、研发投入与企业产能利用率的散点图。图 5－2 和图 5－3 清晰地表明了本书的主要推断：研发投入能够提高企业的产能利用率。当然，利用直接的描述性统计并不能得到严谨的结论，接下来的实证分析就是通过增加控制变量和处理内生性问题来验证该结论的正确性。

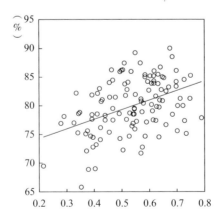

图 5－2　研发参与和产能利用率

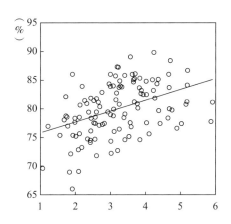

图 5 - 3　研发投入和产能利用率

　　选取 2012 年世界银行营商环境调查中的中国制造业企业数据，考察创新方式对企业产能过剩的影响。由于 2012 年调查数据的制造业样本为民营企业，产能利用率也普遍较高（平均值为 86.76%）。当企业产能利用接近"满负荷状态"时，产能利用率不再反映企业供求情况的失衡，更不能反映企业的产能过剩问题。为了避免大量产能利用临近"满负荷状态"企业的影响，我们将产能利用率大于 75% 的企业定义为不存在产能过剩的企业，产能利用率小于等于 75% 的企业定义为存在产能过剩的企业，即被解释变量为是否为产能过剩企业。核心解释变量为问卷中"创新与技术"章节中关于企业产品的创新方式，可供选择的创新方式有：①企业内部独立研发新产品；②与供应商合作开发新产品；③与企业客户合作开发新产品；④模仿以及改进其他企业现有的新产品。其中，第一种创新方式刻画了企业的自主创新决策，第二种和第三种创新方式刻画了企业与供应商或企业客户的合作创新决策，第四种创新方式刻画了企业的模仿创新决策。此外，根据企业流程创新的方式构造了关于流程创新的自主创新决策、合作创新决策以及模仿创新决策三个虚拟变量。

第三节 实证结果与分析

一 回归估计

表 5 - 2 报告了研发投入影响企业产能利用率的 OLS 估计结果，第（1）~（4）列为所有样本回归的估计结果，第（5）~（8）列为产能过剩企业与非过剩企业的估计结果，我们将年均产能利用率排名后 25％ 的企业定义为产能过剩企业。考虑到异方差问题，标准误选择在行业层面的聚类稳健性标准误。在 OLS 估计结果中，研发投入虚拟变量（Dum_rd）的系数在 1‰ 的显著性水平下显著，且大于 0，说明企业参与研发创新活动可以显著提高产能利用率。在只控制时间固定效应的情况下，研发企业的产能利用率比非研发企业的产能利用率高出 2.045 个百分点〔见列（1）〕；在加入城市和行业虚拟变量后，这一数值下降到 1.750 个百分点〔见列（2）〕。此外，企业实施研发创新活动前后的产能利用率在产能过剩企业与非过剩企业之间存在显著的差异，产能过剩企业参与研发创新活动对产能利用率的正向作用更为突出：就产能过剩企业而言，研发企业的产能利用率比非研发企业的产能利用率高 2.070 个百分点〔见列（5）〕；就产能非过剩企业而言，研发企业的产能利用率仅比非研发企业的产能利用率高 0.263 个百分点，且回归系数仅在 10％ 的显著性水平下显著〔见列（6）〕。

表 5 - 2 研发投入对企业产能利用率的影响（OLS 估计结果）

变量	(1)	(2)	(3)	(4)	(5) 过剩	(6) 非过剩	(7) 过剩	(8) 非过剩
Dum_rd	2.045*** (9.58)	1.750*** (8.10)	—	—	2.070*** (5.18)	0.263 (1.92)	—	—

续表

变量	(1)	(2)	(3)	(4)	(5) 过剩	(6) 非过剩	(7) 过剩	(8) 非过剩
$lnrd$	—	—	0.381***	0.350***	—	—	0.374***	0.086***
			(11.64)	(10.28)			(5.38)	(4.01)
$lnsize$	1.017***	0.865***	0.888***	0.743***	0.319**	0.394***	0.224*	0.354***
	(20.37)	(16.21)	(16.59)	(13.00)	(3.06)	(11.96)	(2.04)	(10.08)
$lnage$	1.153***	1.193***	1.123***	1.173***	0.776**	0.275**	0.762**	0.268**
	(8.28)	(8.51)	(8.06)	(8.38)	(3.14)	(3.06)	(3.09)	(2.98)
$human$	-4.966***	-0.472	-5.687***	-1.0120	-3.757**	1.433***	-4.088**	1.228**
	(-7.88)	(-0.69)	(-8.88)	(-1.47)	(-2.99)	(3.52)	(-3.22)	(3.00)
IMF	-0.170	-0.357	-0.122	-0.364	-0.357	-0.383	-0.360	-0.387
	(-0.87)	(-1.05)	(-0.62)	(-1.07)	(-0.54)	(-1.78)	(-0.55)	(-1.80)
$compet$	-1.018***	-0.842***	-1.037***	-0.859***	-0.285	-0.311***	-0.284	-0.318***
	(-10.08)	(-8.34)	(-10.26)	(-8.51)	(-1.64)	(-4.92)	(-1.63)	(-5.03)
$unstable$	-0.262*	-0.188	-0.296**	-0.214	0.119	-0.209**	0.105	-0.218**
	(-2.42)	(-1.72)	(-2.73)	(-1.96)	(0.62)	(-2.98)	(0.55)	(-3.11)
$finace$	-0.762***	-0.728***	-0.731***	-0.713***	-0.537***	-0.282***	-0.516***	-0.282***
	(-8.80)	(-8.34)	(-8.45)	(-8.17)	(-3.47)	(-5.00)	(-3.34)	(-5.01)
d_soe	-5.034***	-3.654***	-5.060***	-3.674***	-4.209***	-0.139	-4.205***	-0.139
	(-14.87)	(-10.65)	(-14.96)	(-10.71)	(-7.50)	(-0.66)	(-7.49)	(-0.66)
d_fdi	-1.334***	-1.327***	-1.230***	-1.145***	-2.351***	0.679**	-2.303***	0.766***
	(-4.43)	(-3.95)	(-4.07)	(-3.38)	(-3.41)	(3.28)	(-3.32)	(3.67)
d_exp	4.061***	2.445***	3.851***	2.272***	0.1790	0.668***	0.076	0.603***
	(18.77)	(10.71)	(17.59)	(9.87)	(0.38)	(4.63)	(0.16)	(4.14)
$Year\ 03$	2.631***	2.550***	2.633***	2.527***	4.787***	2.148***	4.779***	2.138***
	(10.28)	(9.43)	(10.29)	(9.35)	(9.80)	(12.70)	(9.79)	(12.64)
$Year\ 04$	4.769***	4.579***	4.770***	4.531***	9.825***	3.394***	9.798***	3.376***
	(16.85)	(13.22)	(16.85)	(13.09)	(14.91)	(15.21)	(14.86)	(15.13)
$\_cons$	67.56***	66.32***	68.82***	67.51***	41.49***	81.68***	42.42***	82.01***
	(112.42)	(50.21)	(112.11)	(50.82)	(15.34)	(99.86)	(15.67)	(99.60)
$adj.\ R^2$	0.0653	0.1126	0.0662	0.1135	0.1186	0.0707	0.1188	0.0711
城市/行业	未控制	控制	未控制	控制	控制	控制	控制	控制

变量	(1)	(2)	(3)	(4)	(5) 过剩	(6) 非过剩	(7) 过剩	(8) 非过剩
N	37106	37106	37105	37105	9300	27806	9300	27805

注：＊＊＊、＊＊和＊表示在1‰、1%和5%的显著性水平下显著；括号内为 T 值。

表5－2研发投入（lnrd）的回归系数在1‰的显著性水平下均显著，且大于0，说明随着企业研发投入的增加，企业的产能利用率也会提高。同样，产能过剩企业的研发投入对产能利用率的正向作用（0.374个百分点）大于产能非过剩企业（0.086个百分点）。上述结果表明，无论是从研发活动参与角度，还是从研发投入规模角度看，研发投入能够提升企业的产能利用率，研发投入越多的企业面临的产能过剩问题越少，理论假说1成立。此外，研发投入提高企业产能利用率的作用在产能过剩企业与非过剩企业之间存在异质性，产能过剩企业的研发投入对产能利用率的促进作用更为突出，理论假说2成立。在引入更多的控制变量、替换控制变量的度量以及引入诸如企业规模、市场竞争程度的二次项等稳健性检验后，理论假说1和理论假说2依然成立。考虑到并非所有产能利用率低于100%的企业都表现为产品供给不能适应市场需求结构，部分企业为了降低固定资产折旧速度、削减生产成本而自愿放弃一定的产能，我们依次将产能利用率大于90%、85%以及80%的企业的产能利用率重新定义为1，并将剩余企业的产能利用率取值调整至0~1，回归结果稳健而未报告。此外，选取15%、20%、30%以及35%分位数替代25%分位数作为产能过剩企业与非过剩企业的临界值，对产能过剩企业与非过剩企业分样本进行回归分析，估计结果依然稳健。最后，我们还采用Tobit模型处理被解释变量产能利用率，其取值范围为0~1，在进行稳健性检验后得到类似结论，下文中我们做了类似处理，并进行稳健性检验，此处不再详述。

　　控制变量回归系数的符号和显著性也基本符合理论预期，说明回归系数估计结果相对稳健，实证结果可靠。企业规模对企业的产能利用率有显著的正向影响，说明大型企业因为产品多元化更能够应对市场需求结构的变化，保持较高的产能利用率，与干春晖等（2015）的结论比较一致。企业年龄对企业的产能利用率有正向影响，说明企业在生产经营活动中存在学习效应，即存续时间较长的企业在管理经验、市场经验以及产能调整方面更有优势。是否为国有企业和是否为外资企业的系数显著，且为负值，主要是因为民营企业相较于国有企业来说更有"激励"，能充分利用产能，相较于外资企业来说拥有更多的市场信息，并能及时进行产能调整。出口贸易可以促进企业充分利用国际市场化解产能过剩，对企业产能利用率有着正向的影响。市场竞争程度的回归系数为负值，说明"过度竞争"理论的观点成立，市场竞争对企业产能利用率存在不利影响。地方保护主义的市场分割是企业产能利用率不足的重要原因，回归中市场分割程度的系数均小于0。融资能力对企业的产能利用率具有显著的负向影响，企业能够获取外部信贷资源的能力越强，越会通过产能扩张获得市场份额。人力资本总体表现为不利于企业的产能利用率提高，但是产能非过剩企业对企业的产能利用率有正向影响，因此说明人力资本对企业产能利用率具有双重作用。罗美娟和郭平（2016）指出政策不确定性不仅会使市场中的信息不对称和增加风险，而且会加剧国有、民营二元经济的扭曲，对企业的产能利用率有负向影响，但是这一结论对非产能过剩企业并不成立，相反，市场中的信息不对称和风险对产能过剩企业来说是一个机遇，正常运营的企业面对市场不确定风险会缩小企业生产规模，而产能过剩企业可以通过扩大生产寻求获利机会。

二　内生性问题处理

　　OLS 估计方法无法解决企业的产能利用率与研发投入之间联立

性问题和遗漏变量问题所导致的内生性问题，接下来我们采用倾向得分匹配法和工具变量回归方法克服内生性问题。

（1）PSM 估计结果。倾向得分匹配法可以规避企业研发投入"自选择"效应的影响，我们利用倾向得分匹配法为处理组（研发企业）找到最相近的对照组（非研发企业）。为了获得实施研发活动企业的参照样本，需要通过逐步 Probit 回归选择出合理的匹配变量，在选择了恰当的匹配变量后，使用 Probit 模型估计实施研发的概率作为匹配时参照的倾向得分，然后进行 Kernel 匹配（限于篇幅，匹配过程中的 Probit 估计结果以及后文中匹配平衡性检验结果均未报告），匹配前后的处理效应如表 5 - 3 所示。为了避免如最近邻居匹配（K-nearest Neighbors Matching）和半径匹配（Radius Matching）可能产生的无效标准差问题，选择被广泛采用的核匹配（Kernel Matching）寻找与处理组（研发企业）最相近的对照组（非研发企业）。为了保证匹配结果的可靠性，我们通过计算处理组和对照组匹配变量的标准差进行匹配平衡性检验，根据 Rosenbaum 和 Rubin（1983）的判断标准，只要处理组和匹配的对照组标准偏差的绝对值小于20%，匹配结果就是有效的。匹配平衡性检验结果表明匹配变量标准偏差的绝对值均显著小于20%，因而可认为选取的匹配变量以及核匹配方法选择都是恰当的。关于倾向得分匹配法和平均处理效应的详细解释可以参见郭申阳和弗雷泽（2012）、Rosenbaum 和 Rubin（1983）的研究。

表 5 - 3 的估计结果显示，处理组（研发企业）和对照组（非研发企业）之间的产能利用率差异为 2.2443 个百分点，并且 T 值为 7.24，说明企业实施研发创新活动后可以显著提高企业的产能利用率，企业实施研发活动后产能利用率可以提高 2.2443 个百分点。企业实施研发活动前后的产能利用率在产能过剩企业与非过剩企业之

间存在显著的差异，产能非过剩企业的平均处理效应为 0.6396 个百分点，而产能过剩企业的平均处理效应为 2.1967 个百分点，产能过剩企业实施研发创新活动对企业产能利用率的正向影响作用更为突出，PSM 估计结果进一步强化了本章的理论假说 1 和 2。此外，样本匹配前后的平均处理效应有显著差异，样本匹配前的平均处理效应大于匹配后的结果，说明研发投入的"自选择"效应使样本匹配前的估计结果偏高，即研发投入的"自选择"效应对于产能利用率低的企业来说更不倾向实施研发活动。就政策制定而言，特别需要注意通过政策安排和激励机制设计，鼓励产能过剩行业（企业）积极参与研发创新活动，提高企业的创新能力，以企业技术创新方式缓解企业产品供求失衡的结构性矛盾，加速企业转型和升级，提高自主知识产权和自主品牌的产品或服务供给，消除产能利用不足的问题。

表 5 - 3　倾向得分匹配法的平均处理效应

样本	匹配前后	处理组	对照组	ATT 差距	标准误	T 值
所有企业	匹配前	81.8019	78.2988	3.5031	0.2016	17.38
	匹配后	81.8019	79.5576	2.2443	0.3100	7.24
产能非过剩企业	匹配前	89.0576	88.1482	0.9094	0.1257	7.23
	匹配后	89.0576	88.4180	0.6396	0.1944	3.29
产能过剩企业	匹配前	56.1355	53.6463	2.4892	0.3742	6.65
	匹配后	56.1355	53.9388	2.1967	0.5756	3.82

（2）工具变量的估计结果。为了克服企业研发投入的内生性问题，本书选取以下两种工具变量进行回归分析。第一，参考 Fisman 和 Svensson（2007）对内生性问题的处理方式，将研发投入涉及城市 - 行业的平均值作为工具变量。单个企业的产能利用率难以影响

该城市整个行业的研发投入情况，相反，由于研发创新活动具有溢出效应和集聚效应，该城市－行业的研发投入情况会刺激企业参与研发创新活动和提高研发投入规模。第二，选取滞后 1 期和滞后 2 期的研发投入作为工具变量。企业的研发投资决策具有一定的时间周期，研发投入具有明显的路径依赖特征，故前期研发投入会对当期研发投入产生重要影响。相反，产能利用率的当期值无法对研发投入前期值造成影响，可以选取滞后期的研发投入作为工具变量。

表 5-4 报告了研发投入对企业产能利用率影响的工具变量回归结果，我们对研发投入进行了外生性检验，拒绝原假设，说明研发投入具有内生性问题。在选取城市－行业的平均值作为工具变量时，企业研发投入虚拟变量（Dum_rd）的系数为 1.348 并且在 5% 的显著性水平下显著，研发投入（lnrd）的系数为 0.298 且在 1% 的显著性水平下显著，支持 OLS 估计结果的结论，研发投入会提高企业的产能利用率。在选取滞后 1 期值和滞后 2 期值作为工具变量时，研发投入虚拟变量和研发投入的系数在 1‰ 的显著性水平下均显著，再次验证了研发投入能够显著提高制造业企业的产能利用率。值得注意的是，由于我们控制了城市层面和行业层面的虚拟变量，由遗漏变量问题导致的内生性问题大大地减少了，OLS 估计结果与工具变量回归结果的差异并不大。但是，研发投入的工具变量回归系数依然略低于 OLS 估计结果，即研发投入的"自选择"效应会造成 OLS 估计结果偏高，意味着产能利用率越低的企业越不倾向于开展研发活动。

表 5-4　研发投入对企业产能利用率影响的工具变量回归结果

变量	均值	滞后 1 期	滞后 1~2 期	均值	滞后 1 期	滞后 1~2 期
Dum_rd	1.348* (2.02)	1.979*** (7.10)	1.963*** (5.10)	—	—	—

续表

变量	均值	滞后 1 期	滞后 1~2 期	均值	滞后 1 期	滞后 1~2 期
$lnrd$	—	—	—	0.298 ** (2.66)	0.346 *** (8.11)	0.318 *** (5.50)
$lnsize$	0.885 *** (14.35)	0.850 *** (13.77)	0.855 *** (10.03)	0.774 *** (9.07)	0.737 *** (11.07)	0.756 *** (8.23)
$lnage$	1.196 *** (8.54)	0.332 (1.93)	−0.214 (−0.84)	1.178 *** (8.40)	0.308 (1.79)	−0.241 (−0.95)
$human$	−0.322 (−0.45)	0.830 (1.08)	2.116 * (2.10)	−0.834 (−1.08)	0.374 (0.48)	1.742 (1.71)
IMF	−0.355 (−1.04)	−0.542 (−0.86)	−21.640 (−1.84)	−0.362 (−1.07)	−0.537 (−0.85)	−21.310 (−1.81)
$compet$	−0.834 *** (−8.22)	−0.894 *** (−7.52)	−0.924 *** (−5.54)	−0.852 *** (−8.36)	−0.906 *** (−7.62)	−0.933 *** (−5.59)
$unstable$	−0.187 (−1.71)	−0.261 * (−2.03)	−0.394 * (−2.18)	−0.210 (−1.91)	−0.287 * (−2.23)	−0.416 * (−2.30)
$finace$	−0.722 *** (−8.25)	−0.753 *** (−7.34)	−0.814 *** (−5.64)	−0.711 *** (−8.17)	−0.734 *** (−7.17)	−0.795 *** (−5.52)
d_soe	−3.676 *** (−10.68)	−3.548 *** (−8.68)	−3.438 *** (−6.02)	−3.685 *** (−10.74)	−3.577 *** (−8.76)	−3.474 *** (−6.09)
d_fdi	−1.418 *** (−3.91)	−1.112 ** (−2.87)	−1.015 (−1.93)	−1.231 ** (−3.23)	−0.982 * (−2.52)	−0.918 (−1.73)
d_exp	2.499 *** (10.25)	2.405 *** (9.06)	2.491 *** (6.80)	2.333 *** (8.91)	2.257 *** (8.42)	2.365 *** (6.40)
$\_cons$	66.27 *** (50.21)	72.84 *** (49.27)	82.94 *** (13.18)	67.30 *** (48.38)	74.00 *** (49.73)	83.89 *** (13.35)
年份	控制	控制	—	控制	控制	—
城市	控制	控制	控制	控制	控制	控制
行业	控制	控制	控制	控制	控制	控制
$adj. R^2$	0.1125	0.1074	0.1078	0.1134	0.1085	0.1087
N	37106	24757	12382	37105	24756	12381

注：***、** 和 * 表示在1‰、1% 和 5% 的显著性水平下显著；括号内为 T 值。

三 联立性问题的探讨

前文实证结果已经证明研发投入会提高企业的产能利用率，而 PSM 估计结果与工具变量回归结果隐含着提高产能利用率会促进企业的研发参与和研发投入。为此，自然要问企业的产能利用不足真的会抑制企业研发投入吗？提高产能利用率能够改善企业的利润、现金流等财务绩效，有助于企业获得内外部融资支持，能够强化企业的研发投入（Smolny，2003）。此外，产能利用率反映了企业的组织效率和创新的执行力，产能利用率越高的企业越有"激励"，以进行研发投资（Becheikh，Landry，Amara，2006；郑文、张建华，2012）。但 Gorodnichenko 和 Schnitzer（2013）认为产能利用率对研发投资的影响是不确定的，过高的产能利用率可能会使生产经营活动挤占企业研发资源，不利于企业研发投入。为了进一步探讨产能利用率与企业研发投入之间的联立性，我们构建了联立方程组模型（5.2）、（5.3）：

$$CU_{it} = \alpha_1 + \delta \times Rd_{it} + X_{it}\gamma_1 + \varepsilon_{it} \qquad (5.2)$$

$$Rd_{it} = \alpha_2 + \beta \times CU_{it} + Z_{it}\gamma_2 + \varepsilon_{it} \qquad (5.3)$$

其中，X_{it}、Z_{it} 分别为产能利用率、研发投入的决定因素的向量集，我们使用三阶段最小二乘法（3SLS）这一系统估计方法进行联立方程组模型的参数估计。

联立方程组模型（5.2）、（5.3）的参数估计结果如表 5 - 5 所示。观察表 5 - 5 的估计结果可知，研发投入对企业的产能利用率有显著的正向影响，说明联立方程组模型的估计结果与前文的单一方程估计结果吻合，支持理论假说 1。在研发投入决定方程估计结果中，产能利用率的系数在 1‰的显著性水平下显著，一方面说明研发投入与企业的产能利用率之间的确存在联立性问题，需要谨慎对待传统 OLS 估计方法的结果；另一方面说明产能利用率对企业的研发投入有显著的正向影响，即产能利用不足的确会抑制企业的研发投入。政府需要特别警惕产能过剩企业（行业）落入"产能利用率陷阱"，即产能利用率越低的企业（行业）越不倾向于参与研发创新活动或增加研发投入，企业产品生产进一步与市场需求脱节，加剧企业产品供求失衡的结构性矛盾，进一步恶化企业（行业）的盈利能力和产能利用率。中国矿物制品、纸质印刷以及建筑材料等传统产能过剩企业的技术创新力度普遍偏低和研发投入不足，企业以制造生产为主，缺少自主核心技术和自主创新品牌的产品供给，表现出一定程度地落入了"产能利用率陷阱"迹象，激发企业以技术创新方式化解产能过剩或许才是本轮产能过剩危机治理的根本出路。

表 5 - 5　研发投入与产能利用率的联立性（3SLS 估计结果）

被解释变量：产能利用率			解释变量：研发投入		
解释变量	系数	T 值	解释变量	系数	T 值
lnrd	0.810*** （0.179）	4.51	cu	0.042*** （0.006）	6.81
lnsize	0.414*** （0.126）	3.29	lnsize	0.551*** （0.009）	61.18
lnage	1.065*** （0.131）	8.15	lnage	0.069*** （0.022）	3.21
compet	-0.958*** （0.101）	-9.51	compet	0.192*** （0.015）	12.70
finace	-0.736*** （0.084）	-8.78	finace	0.075*** （0.013）	5.74
d_soe	-3.637*** （0.310）	-11.72	d_soe	0.009 （0.052）	0.16
d_fdi	-0.434 （0.427）	-1.02	d_fdi	-1.607*** （0.051）	-31.36
d_exp	1.720*** （0.313）	5.49	d_exp	1.069*** （0.040）	26.69
IMF	-0.082 （0.302）	-0.27	lnprod	0.132*** （0.019）	6.88
unstable	-0.052 （0.100）	-0.52	human	3.176*** （0.098）	32.31
Year 03	2.454*** （0.262）	9.38	Year 03	-0.001 （0.039）	-0.03
Year 04	4.485*** （0.332）	13.50	Year 04	-0.013 （0.045）	-0.29

被解释变量：产能利用率			解释变量：研发投入		
解释变量	系数	T 值	解释变量	系数	T 值
_cons	70.12*** (1.934)	50.29	_cons	−7.048*** (0.371)	−18.99
城市/行业	控制		城市/行业	控制	
调整后的 R^2	0.1054		adj. R^2	0.3516	

注：***、**和*表示在1‰、1%和5%的显著性水平下显著；括号内为 T 值。

四 创新方式对产能过剩的影响

进一步利用 Probit 模型进行研发创新方式对企业出现产能过剩的回归分析：

$$Prob(EC_i = 1) = \alpha_1 + \delta \times Innovation_i + Z_i\gamma + \varepsilon_{it} \qquad (5.4)$$

其中，被解释变量为是否为产能过剩企业（EC），核心解释变量为企业的创新方式（$Innovation_i$），表 5-6 报告了企业创新方式对产能过剩影响的 Probit 回归结果。从表 5-6 可知，就产品创新而言，自主创新决策的回归系数在1‰的显著性水平下显著，说明企业自主品牌的产品或服务供给可以有效化解产能过剩。表 5-6 产品创新中合作创新决策的回归系数在5%的显著性水平下显著，说明合作创新也有利于化解产能过剩，企业与供应商和客户合作开发新产品的模式能够让企业的创新产品有效对接市场需求，以满足市场需求结构升级所带来的产品质量和功能要求。相反，以模仿创新方式实现产品创新不仅无法缓解企业的产能利用不足问题，还会恶化企业的产能利用情况。模仿能够让企业以较低成本快速推出新产品，然而，依靠模仿而非创新对企业发展是非常不利的：失去了自主创新能力，企业就会缺乏可持续发展的核心竞争力，只能生存于产业链中的低附加值环节，"狂躁"的市场对企业产品的需求最终会逐渐下降，企业利润空间不断被压缩，企业也不得不降低产能利用率。以上分析已经说明理论假说 3 成立，即自主创新对产能过剩的化解作用效果更为显著，模仿创新对企业产能创新的化解作用有限。

表 5 –6　创新方式对产能过剩的影响（Probit 回归结果）

变量	产品创新			流程创新		
	自主创新	合作创新	模仿创新	自主创新	合作创新	模仿创新
Innovation	– 0. 535 *** （ – 3. 40）	– 0. 340 * （ – 2. 51）	0. 154 （1. 03）	– 0. 153 （ – 1. 18）	– 0. 230 （ – 1. 68）	0. 134 （0. 98）
ln*size*	– 0. 164 ** （ – 2. 80）	– 0. 154 ** （ – 2. 98）	– 0. 180 ** （ – 3. 06）	– 0. 128 * （ – 2. 45）	– 0. 149 ** （ – 2. 88）	– 0. 147 ** （ – 2. 87）
ln*age*	– 0. 163 （ – 1. 22）	– 0. 165 （ – 1. 65）	– 0. 172 （ – 1. 43）	– 0. 157 （ – 1. 44）	– 0. 162 （ – 1. 58）	– 0. 169 （ – 1. 58）
human	0. 003 （1. 15）	0. 003 （1. 44）	0. 002 （0. 82）	0. 003 （1. 40）	0. 003 （1. 39）	0. 003 （1. 30）
compet	– 0. 019 （ – 0. 25）	0. 072 （1. 06）	0. 006 （0. 08）	0. 038 （0. 57）	0. 059 （0. 88）	0. 037 （0. 55）
finance	0. 806 *** （3. 32）	0. 535 * （2. 40）	0. 713 ** （2. 99）	0. 605 ** （2. 75）	0. 575 ** （2. 60）	0. 582 ** （2. 68）
soe	0. 002 （0. 48）	0. 001 （0. 38）	0. 001 （0. 14）	0. 001 （0. 19）	0. 001 （0. 26）	0. 001 （0. 32）
fdi	0. 003 （0. 86）	0. 003 （1. 05）	0. 003 （0. 92）	0. 003 （1. 11）	0. 003 （1. 10）	0. 003 （1. 15）
exp	– 0. 010 ** （ – 2. 91）	– 0. 009 ** （ – 2. 97）	– 0. 010 ** （ – 2. 91）	– 0. 009 ** （ – 2. 94）	– 0. 009 ** （ – 2. 96）	– 0. 009 ** （ – 2. 92）
_*cons*	– 0. 971 （ – 1. 67）	– 1. 546 ** （ – 2. 94）	– 1. 354 * （ – 2. 37）	– 1. 389 ** （ – 2. 64）	– 1. 499 ** （ – 2. 86）	– 1. 411 ** （ – 2. 71）
Pseudo R^2	0. 2747	0. 2523	0. 2544	0. 2463	0. 2484	0. 2457
城市/行业	控 制	控 制	控 制	控 制	控 制	控 制
N	982	1139	975	1139	1139	1139

注：***、** 和 * 表示在 1‰、1% 和 5% 的显著性水平下显著；括号内为 *T* 值。

表 5-6 流程创新中自主创新决策和合作创新决策的系数均小于 0，而模仿创新决策的系数大于 0，流程创新的实证结果进一步强化了本章的理论假说 3。面对激烈的市场竞争，中国制造业企业更多地选择了低成本的模仿创新方式推动企业产品的更新升级和生产流程的改进，从而导致产品创新和流程创新化解产能过剩的作用机制相对失效。夏晓华等（2016）也指出中国制造业企业的产品创新大多是微创新，而极少是全新体验的颠覆式创新，从而导致化解产能过剩作用不明显，这一观点和我们的实证结果比较吻合。

五　稳健性检验以及潜在的问题

除了前文提及的稳健性检验，本书还进行了如下稳健性回归分析：①为了避免同一个城市－行业组合中样本数太小，工具变量回归分析退化为普通的回归分析，我们剔除了样本数小于 12 的城市－行业组合，再进行工具变量回归；②考察研发投入对产能利用率的异质性影响，即分国有企业与非国有企业、外资企业与非外资企业、出口企业与非出口企业进行 OLS 回归和工具变量分析；③研发投入对企业产能利用率的滞后效应检验；④重新选择界定是否为产能过剩企业临界值，选取了 15%、20%、25% 以及 30% 分位数对应的产能利用率作为是否为产能过剩企业的临界值，进行产能过剩对企业创新方式的 Probit 回归分析。稳健性回归分析的结果基本支持本书的理论假说，不再过多叙述。

本书可能存在的问题是创新方式与产能过剩之间存在双向因果关系。研究发现不同创新方式对产能过剩的影响存在差异，可能面临的质疑是，产能过剩可能会影响企业创新方式的选择。2012 年调查数据为截面数据，无法用滞后期值作为工具变量，选取城市－行业的平均值作为工具变量又因样本过少退化为 Probit 回归，因此，本书无法使用工具变量回归解决可能的双向因果识别。幸运的是，调查问卷中与创新相关的问题主要反映的是企业过去三年的情况，而产能利用率为 2011 年数据，时间的先后顺序就避免了双向因果关系。

第四节　本章小结

创新驱动发展与产能过剩治理是中国当前经济发展过程中的两个核心议题，强化企业研发创新投入也是政府破解制造业产能过剩危机的重要手段。本书在梳理产能过剩形成机制的理论框架基础上，尝试从企业研发创新能力不足的视角解释中国制造业现阶段的产能过剩问题。新闻媒体和政策报告频繁提出创新驱动发展是产能过剩的长期治理对策，但探讨研发创新在消除过剩产能中所扮演角色的理论与实证研究相对较少。

本章基于 2005 年世界银行营商环境调查的中国制造业企业数据，采用倾向得分匹配法、工具变量回归分析以及联立方程组模型克服 OLS 估计方法的内生性问题，实证考察了中国制造业企业研发投入对产能利用率的影响。结果表明：第一，企业实施研发创新活动可以显著提高企业的产能利用率，研发投入越多的企业面临的产能过剩问题越少；第二，研发投入提高企业产能利用率的作用在产能过剩企业与非过剩企业之间存在异质性，过剩企业的研发投入化解产能过剩的作用更为突出；第三，产能利用率越低的企业越不倾向实施研发创新活动和增加研发投入，企业研发投入的"自选择"效应不利于产能过剩企业进行产能过剩治理。有学者发现，中国制造业企业的产品创新和流程创新化解产能过剩的作用机制相对失效，不能改变企业研发创新能力不足本质的营销创新化解产能过剩的作用反而更为突出（夏晓华等，2016）。

为了探讨产品创新和流程创新化解产能过剩作用机制相对失效的原因，本书进一步将企业创新的方式细分为自主创新、合作创新及模仿创新，并采用 2012 年世界银行营商环境调查的中国制造业企业数据，考察其分别对产能过剩的影响。结果发现，企业自主创新活动有利于持续、稳定地化解产能过剩，合作创新的效果次之，而模仿创新并不具有化解产能过剩的作用，产品创新和流程创新化解产能过剩的作用机制相对失效源于我国制造业企业的自主创新能力不足，过度依赖模仿创新推动企业产品的更新升级和生产流程的改进。进一步，我国制造业企业的自主创新能力不足、过度依赖模仿创新也是省际层面和行业层面实证结果的研发创新化解制造业产能过剩作用机制失效的原因。

第六章 政府补贴、企业创新与产能过剩治理：来自上市企业的依据

以新能源为代表的战略性新兴产业处于发展起步阶段，市场主体尚未发育成熟，具有研发创新风险大、市场需求不确定性强的特点，需要政府产业政策的扶持和引导。为此，政府通过财政补贴、投资规划等手段积极引导企业的投资行为，大力培育和发展战略性新兴产业。在政府产业政策的扶持下，战略性新兴产业快速发展，已经成为中国经济发展和经济结构转型的重要支撑。然而，近几年部分战略性新兴产业被曝出产能利用率偏低、利润持续下滑甚至出现严重亏损等问题，引发社会各界对产业政策的质疑和反思。财政补贴是政府扶持战略性新兴产业发展最为直接的方式，被学者认为是战略性新兴产业出现产能过剩现象的根本原因（余东华、吕逸楠，2015；周亚虹等，2015）。学者们一方面认为政府补贴对战略性新兴产业发展有着举足轻重的作用，另一方面认为政府补贴是政府干预企业投资行为的重要手段，可能会造成产能利用不足的后果。政府补贴是否会导致战略性新兴产业的产能利用率持续下降？如何才能发挥政府补贴等产业扶持政策的最大化积极效果？思考和探究这些问题，对于我国战略性新兴产业的产能过剩治理和健康发展，有着重大理论意义与现实意义。

我国战略性新兴产业处于发展起步阶段的本质是企业的创新能

力不足以及企业产品的技术含量不高，是没有掌握关键核心技术、缺乏核心竞争力的后果。战略性新兴产业也并没有出现张伯伦等人提出的垄断性产能过剩，而是出现了恶性竞争形成的产能过剩，即呈现低端产品供给过剩、高端产品供给不足的结构性过剩特征。要探究战略性新兴产业产能过剩的形成机制，必须将研发能力和创新设计能力纳入分析框架。相关产能过剩研究的现有文献往往带有极重的新自由主义色彩，只关注到政府补贴的消极影响，认为政府补贴会诱使企业为获取补贴而投资低技术含量甚至亏损的项目，加速低端产能的扩张，恶化企业的产能利用情况（余东华、吕逸楠，2015）。事实上，政府深知创新驱动发展对长期经济发展的重要性，并非只关注产能扩张，同样会以补贴方式刺激企业提高研发能力和创新设计能力。战略性新兴产业的研发创新活动具有成本高、风险大和不确定性强等特点，政府补贴可以通过信号传递机制和创新资源补充机制来刺激企业增加研发投入（杨洋等，2015），这意味着政府补贴是可以提高企业产能利用率的。本书以光伏产业和风能产业的上市企业为例，将企业创新能力纳入分析框架，探究政府补贴对战略性新兴产业产能过剩的影响及其机制，并提出相关政策建议。

第一节　战略性新兴产业产能利用率的测度与分析

一　战略性新兴产业产能利用率的测度方法

关于产能过剩目前各国并没有直接的统计数据，研究中只能用与其相对应的间接指标产能利用率予以反映，而产能利用率又被定义为实际产出与潜在产出（又称最优产出、潜在产能）的比。已有的产能利用率测度方法主要依赖于潜在产出的测度理论，包含统计调查法、峰值法、成本函数法、生产函数法、协整方法、数据包络分析法和随机前沿生产函数法。统计调查法作为直接测度法，不仅需要耗费大量的人力、财力和物力，还面临调查对象对自己行为偏好和最优解释存在不一致性的问题（程俊杰，2015b）。峰值法是以历史最高产值作为潜在产出的参考值，最大缺陷是历史时期和峰值的选择都具有较大的主观性。生产函数法和成本函数法是较为常用且有经济理论支撑的测度方法，但由于中国资源要素价格长期处于扭曲状态且难以获得生产要素价格数据，成本函数法的测度结果容易出现偏差（杨振兵，2016）。甚至有学者认为，用成本函数法测度产能利用率本身就存在缺陷与偏差（Demsetz，1959；Klein，1960）。此外，生产函数法和成本函数法还面临函数形式设定的选择困难。协整方法可以避免具体函数形式设定的主观性，但与生产函数法和成本函数法相比，忽略了一定的微观经济理论基础，在使用上存在诸多争议。数据包络分析法是一种非参数方法，缺乏测度结果的检验和评价方法，此外，忽视不同生产要素的替代弹性还可能高估了产能利用率（张林，2016）。随机前沿生产函数法是在生产函数法的基础上进一步考虑了随机误差项的干扰，具有微观经济理论支持、指标数据获取相对容易且可靠、可以规避价格与成本等测量误差以及便于模型检验和结果评价等优势。鉴于此，本书选用随机前沿生产函数法测度企业的产能利用率。

　　生产函数法和随机前沿生产函数法通常面临的批评是生产函数形式设定困难，合理的函数形式设定是有必要的。考虑到超越对数函数放松了 $C-D$ 函数形式的要素产出弹性不变和 CES 函数形式的要素替代弹性不变的假设，函数形式设定相对较为灵活，可以有效避免生产函数形式误设带来的参数估计偏差以及充分反映投入要素之间的替代效应、交互作用及其变化，本书将生产函数设定为超越对数函数形式。此外，我们放松中性希克斯技术进步的严格假设，将面板随机前沿生产函数设定为：

$$\ln Y_{it} = \alpha_i + \beta_k \ln K_{it} + \beta_l \ln L_{it} + \frac{1}{2}\beta_{kk} \ln K_{it}^2 + \frac{1}{2}\beta_{ll} \ln L_{it}^2 + \beta_{kl} \ln K_{it} \times \ln L_{it}$$

$$+ \beta_t t + \frac{1}{2}\beta_{tt} t^2 + \beta_{tk} t \times \ln K_{it} + \beta_{tl} t \times \ln L_{it} + v_{it} - u_{it} \qquad (6.1)$$

其中，i 表示企业，t 表示年份；K、L 和 Y 分别代表固定资本存量、劳动要素投入和实际产出。v_{it} 为随机误差项，服从正态分布 $N(0, \Psi^2)$；u_{it} 服从 $IIDF_u(\sigma)$，与 v_{it} 相互独立。

产能利用率为实际产出与潜在产出的比：

$$CU_{it} = \frac{Y_{it}}{Y_{it}^*} = \frac{exp(\ln Y_{it})}{exp(\ln Y_{it}^*)} = exp(-u_{it}) \qquad (6.2)$$

二 数据说明和变量选取

本书选择沪深两市主营业务中包含光伏产品和风能产品的上市企业作为研究样本，研究样本的时间跨度为 2001~2015 年。样本筛选分为两步，共获得 48 家样本企业：首先，利用同花顺数据库获取所有属于光伏概念、风能概念的上市公司；其次，逐个查询公司的主营业务及其产品，挑选出主营业务中出现了光伏产品或风能产品的公司。在获得样本企业的基础上，利用国泰君安数据库挑选以下投入产出指标并做相应的处理。

（1）产出指标（Y），选取企业的主营业务收入作为产出指标。为了提高所获数据的可比性，将主营业务收入用工业出厂价格指数进行价格调整。

（2）资本投入指标（K），选取企业的年末固定资产净值作为资本投入指标，并采用固定资产价格指数进行价格调整。固定资产净值作为固定资本存量的替代变量，既是企业维持生产经营活动最为基础的物质资本存量，也是决定企业潜在产能最为核心的要素。潜在产能被认为是不可任意变化投入要素所能实现的最大产出（Kirkley，Paul，Squires，2002；Shaikh，Moudud，2004），固定资产净值是短期内最难以调整的资产，选取固定资产净值而非总的资本存量作为投入变量，可以在一定程度上将产能利用率区别于生产效率。

（3）劳动投入指标（L），选取企业在职职工人数作为劳动投入指标。劳动投入指标是否应该被纳入产能利用率测度的投入指标中一直存在争议，考虑到上市公司的用工调整成本较大，劳动投入应处理为不可任意变化的投入要素。职工在为企业生产活动服务过程中，存在与企业特定生产活动相对应的人力资本积累，导致企业职工人数的调整成本较大；此外，法律法规、政府就业政策以及舆论压力也限制了上市公司的裁员行为。

三　测度结果与分析

为了考察随机前沿生产函数法测度结果的可靠性，我们还采用固定资产周转率和资产周转率衡量企业的产能利用率变化情况，并与本书的测度结果进行比较，如图6-1所示。就风能企业而言，随机前沿生产函数法测度的产能利用率与固定资产周转率、资产周转率的时间趋势几乎是一致的。就光伏企业而言，2009年的测度结果存在较大的差异，随机前沿生产函数法测度的产能利用率相对较低，2011~2015年的测度结果基本一致。

中国光伏和风能企业在2001~2015年的产能利用情况如表6-1所示。在已经有产能利用率测度结果的基础上，如何评价产能过剩，从理论上讲，产能利用率只要低于100%就存在产能过剩的情况，但实际生产中生产设备投资、企业市场预期等多种因素都会导致企业的产能利用率低于100%。此外，随机前沿生产函数法假定无效率项

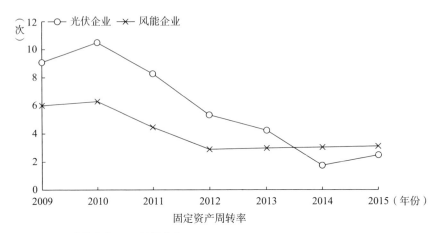

固定资产周转率

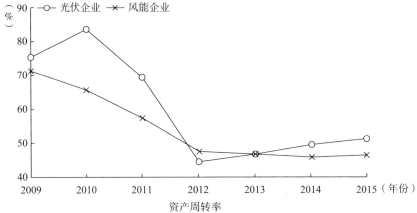

资产周转率

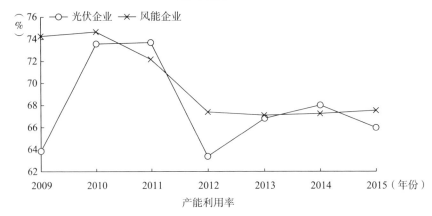

产能利用率

图 6-1 2009~2015 年中国光伏和风能企业的产能利用情况

取值为 0 的企业数等于零，测度得到的产能利用率均小于 100% ，将低于 100% 的产能利用率视为产能过剩并不合理。为此，韩国高等以欧美国家的产能利用率正常范围值（79% ~ 83% ）作为产能过剩的评价标准，而钟春平和潘黎（2014）认为不同国家存在不同的产能利用率正常范围值，中国目前常引用的合意产能利用率是 75% 。我们参考钟春平和潘黎（2014）的判断标准，结合表 6 - 1 中光伏和风能企业的产能利用率估算结果，对光伏和风能产业的产能利用情况有几个基本判断。

表 6 - 1 2001 ~ 2015 年中国光伏和风能企业的产能利用情况

单位：%

指标	2001 年	2002 年	2003 年	2004 年	2005 年	2006 年	2007 年	2008 年
CU	56.45	62.01	61.30	66.90	69.98	70.98	75.68	73.79
$1 - CU$	43.55	37.99	38.70	33.10	30.02	29.02	24.32	26.21
CU	68.72	74.09	73.08	64.98	66.91	67.72	66.62	67.95
$1 - CU$	31.28	25.91	26.92	35.02	33.09	32.28	33.38	32.05

注：CU 代表产能利用率，$1 - CU$ 代表产能过剩率。

第一，中国光伏和风能产业存在一定程度的产能过剩问题，并且产能过剩的演变趋势可以分为四个阶段，经历了由发展不足的产能利用偏低演变为创新不足的产能过剩。第一阶段是 2001 ~ 2007 年的培育时期，在政府产业政策的大力支持下，战略性新兴产业得到了快速发展，光伏和风能产业的产能利用率从 56.45% 上升至 75.68% ，上升 19.23 个百分点。在此阶段，早期产能利用偏低主要是因为光伏和风能产业发展不足，市场主体尚处于培育期。第二阶段是 2008 ~ 2009 年需求冲击下形成的周期性产能过剩，2008 年金融危机是中国工业整体产能利用率演变趋势的重要拐点，经济危机后各行业的产能利用率开始急剧下滑，但是以光伏和风能产业为代表的战略性新兴产业并没有出现严重的产能过剩。第三阶段是 2010~2011 年的产能利用率回升阶段,在金融危机冲击暂缓的情况下,国家进一步加强了对新能源领域的宏观调控,国内外对光伏和风能产业的产品需求增加,使产能利用率回归到较为正常的水平。第四阶段是 2012 年开始的结构性产能过剩,表现为创新能力不足导致低技术含量产品的供给过剩、高技术含量的产品有效供给不足。中国光伏和风能产业主要集中在低进入门槛的电池片和电池组件制造中游环节,主要依靠低成本优势在国际市场竞争。然而,中国光伏和风能产品的低成本优势给国外产品带来了巨大的价格压力,成为欧美等光伏和风能产品应用国家反倾销、反补贴的攻击对象,很容易出现产能过剩现象。

第二,中国光伏和风能产业的产能利用率存在明显的顺周期性特征。产能利用率与经济周期有着密切联系,不利的需求冲击会不可避免地造成企业"非意愿性"产能闲置,导致企业的产能利用率下降,尤其是就依靠低成本优势生产低端产品的企业而言,经济周期对企业产能利用率的影响最大。就掌握了关键核心技术、具有核心竞争力的企业而言,企业生产的产品难以被其他企业的产品替代,企业产品的需求对经济周期的依赖程度也较低。此外,掌握核心技术的企业可以加快新产品对传统产品的替代速度,不断进行产品更新升级,扩大新产品市场的需求。因此,提高战略性新兴产业的创新能力和核心竞争力可以有效弱化产能利用率的顺周期性,降低企业需求冲击下的产能闲置程度。

第三,中国光伏和风能产业的产能过剩可能正朝着复杂性、长期性的方向发展。在新兴产业处于发展的萌芽期或者成长初期阶段时,市场供给和需求均存在较大不确定性,这种不确定性容易造成产能的短期"过剩"和"不足"交替出现(王辉、张月友,2015),

出现产能利用率偏低也是正常现象。但 2012 年以来，中国光伏和风能产业的产能利用率持续下降，说明中国制造业的产能过剩有从传统行业向新兴行业蔓延的趋势。

第二节　理论假说与实证研究设计

一　理论假说

战略性新兴产业尚处于发展的萌芽期或者成长期，总体上产能需要进一步发展和提高，理论上不应该出现企业产能利用不足的情况。事实上，目前中国战略性新兴产业产能过剩的本质是创新能力缺乏和产品的竞争力不足，具体表现为低技术产品的供给过剩，高技术含量产品有效供给却存在不足。只要提升企业的研发能力和创新设计能力，突破关键核心技术的制约，就可以改变战略性新兴企业产品技术含量不足和产品质量低下的现实，促使企业形成以产品质量、标准、技术为核心要素的市场竞争力，进而能够有效消除产能利用率不高的问题。正如相关研究指出，企业创新可以增强企业的市场实力和扩大企业的市场份额，是化解产能过剩的重要手段。夏晓华等（2016）也指出，提升企业的创新能力可以强化企业产品更新能力和提高企业产品的竞争力，对化解产能过剩十分有益。美国、德国、日本等发达国家的经验也表明，通过加大科研投入，推动企业技术创新和增加产业链附加值，可以有效化解国内产能过剩危机。基于以上论述，本书提出如下假说。

假说 1：创新能力对企业的产能利用率有显著的正向影响，创新能力越强的企业，产能利用率越高。

政府补贴对企业的产能利用率有两方面的影响：一方面，政府补贴是政府不当干预企业投资行为的重要手段，会扭曲企业的投资结构偏向，对企业的产能利用率有着不利的影响（余东华、吕逸楠，2015）；另一方面，政府补贴会通过信号传递机制和创新资源补充机制强化企业的创新行为（杨洋等，2015），有利于提升企业产品的核心竞争力和提高企业的产能利用率。产能过剩研究的主流观点认为，地方政府出于政绩冲动、权力寻租、权力扩张、"父爱主义"等动机，会违背市场规律，追求短期利益，通过财政补贴的方式干预企业的投资行为。由于政府补贴主要流向产能投资领域，政府补贴扭曲了企业的投资结构偏向，诱使企业为获取补贴而投资成本低、风险小、收益快的低附加值产品项目，而不投资生产技术较为复杂、投资要求相对较高、生产周期相对较长的高附加值产品项目。以光伏产业的晶体硅投资为例，在政府补贴诱导下，企业投资主要偏向技术水平落后、研发周期较短、进入门槛低的单晶硅生产，导致单晶硅大量过剩、多晶硅依赖进口的现象。在控制企业创新情况下，政府补贴仅代表着政府干预程度，因此，政府补贴对企业的产能利用率有不利的影响。据此，本书提出理论假说2。

假说2：政府会以补贴方式干预企业的投资行为，从而降低企业的产能利用率。

政府补贴还可以通过信号传递机制和创新资源补充机制影响企业的创新行为，进而影响企业的产能利用率。从信号理论出发，新兴产业的研发创新活动具有成本高、风险大和不确定性强的特点，企业和外部投资者之间存在严重的信息不对称，政府以补贴方式扮演信号媒介角色，给外部投资者释放对企业以及企业所属行业的认可信号，进而帮助企业获取所需创新资源以提升创新绩效（Brealey, Leland, Pyle, 1977; Feldman, Kelley, 2006; Kleer, 2010）。从创新资源基础观出发，新兴产业的研发创新活动具有更高的边际成本和不确定性，政府可以通过补贴的方式为企业补充其所缺乏的创新资源，降低企业创新努力的边际成本和不确定性，分散企业创新活动的风险，激发企业的研发创新动机（González，Pazó，2008；Hussinger，2008；Almus，Czarnitzki，2003）。因此，政府补贴可以通过企业创新的中介效应，提高企业的产能利用率。据此，本书提出理论假说3。

假说3：政府补贴存在促进企业创新的传导机制，提高企业的产能利用率。

政府对企业的补贴既有土地、税收、贷款优惠的间接方式，也有产业扶持补贴、出口补贴、上市补贴、就业补贴以及科技补贴的直接方式，不同的补贴方式对企业投资行为的影响也存在差异。政府的科技补贴是为了促进企业积极开展研发与创新活动，对企业创新行为的正向影响应该更为突出。一方面，政府的科技补贴要求企业专款专用，根据会计准则相关要求，科技补贴只能用于科技的创新研发和技术投产，客观上要求企业在接受科技补贴的同时要提升科技创新能力（孙璞、尹小平，2016）。另一方面，企业积极开展研发创新活动，可以使企业获得更多的政府科技补贴，即政府补贴能够强化企业研发创新投入的主观愿望。因此，政府科技补贴能够有效刺激企业开展创新活动，提高企业的产能利用率。相反，政府的非科技补贴并不能够刺激企业创新，对企业的产能利用率也会存在不利影响。据此，本书提出理论假说4。

假说4：科技补贴的比例越高，政府补贴对企业创新和产能利用率的正向影响越突出。

二　计量模型设定

产能利用率及其影响因素之间不可避免地存在双向因果关系，

从而使模型估计面临内生性问题，通过引入企业产能利用率的滞后项并采用广义矩估计可以缓解内生性问题所带来的估计系数有偏的情况。此外，生产经营决策往往受到前期决策的影响，并且由于信息不对称，经营决策者通常无法及时调整产量，再加上生产经营调整成本、政府行政机构干预等问题，前期产能利用率会对当期产能利用率产生非常重要的影响，即产能利用率存在所谓的"惯性"效应。因此，考虑到这种动态延续性与产能利用率的惯性特征，本书采用动态面板数据模型对产能利用率的影响因素进行实证分析：

$$CU_{it} = \alpha_i + \rho \times CU_{i,t-1} + \lambda_0 Innov_{it} + \lambda_1 Subsidy_{it} + X_{it}\beta + \varepsilon_{it} \quad (6.3)$$

其中，i、t 分别表示第 i 个企业、第 t 年；CU_{it} 表示企业的产能利用率，由随机前沿生产函数法测度得到，此外，我们还采用了资产周转率衡量产能利用率来检验回归结果的稳健性；α_i 是企业的固定效应，用以衡量不随时间变化的企业特征；$Innov_{it}$ 代表企业的创新能力，分别用企业的研发投入强度、研发投入的对数和企业专利数的对数衡量；$Subsidy_{it}$ 表示企业的政府补贴，X_{it} 代表企业规模、企业年龄、杠杆率、成长性等控制变量。如果回归系数 λ_0 显著大于 0，则说明企业创新有利于提高企业的产能利用率，理论假说 1 成立；如果 λ_1 显著小于 0，说明政府会通过补贴方式干预企业的投资行为，政府补贴对企业的产能利用率有不利的影响，则理论假说 2 成立。

为了进一步考察政府补贴是否能够通过促进企业创新的方式提高企业的产能利用率，我们在回归方程（6.3）的基础上，引入回归方程（6.4）和（6.5）构建中介效应模型：

$$Innov_{it} = \alpha_i + \lambda_2 Subsidy_{it} + Z_{it}\gamma + \varepsilon_{it} \quad (6.4)$$

$$CU_{it} = \alpha_i + \rho \times CU_{i,t-1} + \lambda_3 Subsidy_{it} + X_{it}\beta + \varepsilon_{it} \qquad (6.5)$$

其中，Z_{it} 代表影响企业创新行为的控制变量。在 λ_2 显著大于 0 的前提下，如果 λ_3 显著大于 λ_1，则可以判断存在企业创新的中介效应，即政府补贴可以通过促进企业创新的方式提高企业的产能利用率，理论假说 3 成立。此外，我们在中介效应模型中引入政府科技补贴比例作为政府补贴的调节变量，考察政府科技补贴促进企业创新和提高企业产能利用率的作用是否更为突出。

三　数据说明

本书旨在研究政府补贴、企业创新对风能企业和光伏企业产能利用率的影响，核心解释变量包括政府补贴指标、企业创新指标。考虑到政府补贴、企业创新等变量的可获得性和数据完整性，以及战略性新兴产业产能过剩的现实情况，我们选择的研究样本的时间跨度为 2010～2015 年。企业研发支出数据来源于 CCER 数据库中研发费用明细数据库，该数据库统计的研发支出同时包含了费用化研发支出和资本化研发支出。2010～2014 年企业专利数和政府补贴数据来源于 CSMAR 数据库，2015 年的政府补贴数据来源于 Wind 数据库。政府科技补贴比例是根据 CSMAR 数据库提供的政府补贴明细逐个计算得到的，时间区间为 2010～2013 年。值得说明的是，尽管许多学者是手工收集研发支出、专利数和政府补贴等变量，但仔细对比收集细节发现许多文献中的数据收集存在错误。我们通过对比手工收集的部分数据、不同数据库来源的数据，确保本书的数据来源最为可靠。参考已有的相关文献，本书选取了表 6-2 中的控制变量，控制变量的数据主要来源于 CCER 数据库，这里不做过多叙述。表 6-2 报告了本书所涉及变量的定义以及描述性统计。

表 6 - 2　主要变量的定义及描述性统计

变量类型	变量名称及代码	变量定义	样本数（个）	均值	标准差
被解释变量	产能利用率（CU）	随机前沿生产函数法测度	305	0.6871	0.1485
	总资产周转率（CU1）	营业收入/资产总额	336	0.5786	0.2895
核心解释变量	研发强度（RD_int）	研发投入/资产总额	277	0.0155	0.0104
	研发投入（lnRD）	研发投入数额加1，取对数	283	8.5525	1.3439
	专利数（lnPAT）	专利数加1，取对数	232	3.3431	1.1739
	政府补贴（Subsidy）	政府补贴加1，取对数	288	7.2324	1.5085
	科技补贴比例（TE）	政府科技补贴/政府补贴	137	0.2344	0.1745
控制变量	企业年龄（Age）	年份 - 成立年份，取对数	336	2.4796	0.4517
	企业规模（Size）	营业收入的对数值	305	12.1538	1.1260
	资产回报率（ROA）	息税前利润/平均资产总额	336	0.0603	0.0970
	企业杠杆（Debt）	负债总额/资产总额	336	0.5109	0.1968
	企业成长性（Growth）	营业收入增长率	335	0.2281	0.4990
	持股比例（Rate）	董事、监事和高管持股比例	299	0.2016	0.3170
	资本劳动比（KL）	固定资产净值/职工数	305	71.43	114.26

第三节　实证结果与分析

一　基准回归分析

由于随机误差项存在异方差的潜在可能，我们先采用两阶段系统 GMM 估计方法对回归方程的残差项进行序列相关检验以及对工具变量进行过度识别检验，相关检验结果见表 6 - 3。序列自相关检验的原假设是不存在序列相关的，检验结果中一阶自相关检验的 P 值几乎都小于 0.1，二阶自相关检验 P 值远大于 0.1，说明残差项并不存在二阶（或更高阶）序列相关。工具变量过度识别检验（Sargan

检验）的 P 值均大于 0.1，说明模型设定的一阶滞后期数和模型估计所使用的工具变量都是合理有效的。在使用两阶段系统 GMM 估计方法对模型滞后期数设定和工具变量选择进行检验后，我们采用一阶段系统 GMM 估计方法对模型进行估计，得到稳健性标准误，并进行统计推断，估计结果见表 6 - 3。可以看出，企业的产能利用率具有显著路径依赖的"惯性"特征，说明采用动态面板回归模型进行分析相对合理。

表 6 - 3　政府补贴、企业创新对企业产能过剩的影响

变量类型	被解释变量：产能利用率			被解释变量：总资产周转率		
	（1）研发强度	（2）研发投入	（3）专利数	（4）研发强度	（5）研发投入	（6）专利数
滞后项	0.419*** (6.68)	0.397*** (6.61)	0.530*** (5.81)	0.450*** (10.06)	0.456*** (10.11)	0.430*** (7.68)
企业创新	5.329*** (4.81)	0.0364*** (3.89)	0.0148** (2.00)	8.647*** (4.48)	0.0461*** (3.67)	0.0289* (1.95)
政府补贴	-0.0190** (-2.17)	-0.0174** (-2.08)	-0.0724* (-1.77)	-0.0138 (-1.29)	-0.0117 (-1.13)	-0.0235 (-0.95)
企业规模	-0.0096 (-1.39)	-0.0294*** (-3.43)	-0.0076 (-0.88)	-0.0133 (-1.21)	-0.0364** (-2.44)	-0.0099 (-0.64)
企业年龄	0.0102 (0.45)	0.0146 (0.58)	0.0580** (2.14)	0.0307 (0.92)	0.0355 (0.95)	0.0938** (2.01)
企业杠杆	0.196*** (2.98)	0.163** (2.41)	0.0304 (0.45)	0.1080 (1.04)	0.0439 (0.41)	-0.1550 (-1.32)
资产回报率	0.499** (2.24)	0.4500* (1.91)	0.2290 (0.92)	0.5820 (1.47)	0.5060 (1.21)	0.1910 (0.40)
企业成长性	0.0476* (1.89)	0.0540** (2.03)	0.0938*** (3.28)	0.109** (2.29)	0.120** (2.40)	0.178*** (3.10)
持股比例	0.0082 (0.33)	0.0040 (0.16)	0.0141 (0.49)	0.0144 (0.32)	0.0372 (0.78)	0.0544 (0.96)

续表

变量 类型	被解释变量：产能利用率			被解释变量：总资产周转率		
	（1） 研发强度	（2） 研发投入	（3） 专利数	（4） 研发强度	（5） 研发投入	（6） 专利数
资本劳动比	-0.0003^{***} （-3.21）	-0.0002^{**} （-2.33）	-0.0005^{***} （-4.11）	-0.0003^{***} （-3.06）	-0.0003^{**} （-2.42）	-0.0005^{***} （-3.04）
常数项	0.2628^{**} （1.98）	-0.0826 （-0.58）	-0.210 （-1.11）	0.121 （1.23）	0.1476 （1.57）	0.104 （0.95）
AR（1） P 值	0.0345	0.0129	0.0712	0.0966	0.1044	0.0502
AR（2） P 值	0.5174	0.2297	0.4772	0.1458	0.1483	0.3790
$Sargan$ P 值	0.3785	0.3694	0.5920	0.2161	0.2003	0.3988
样本数	256	256	193	256	256	193

注：$***$、$**$ 和 $*$ 表示在 1%、5% 和 10% 的显著性水平下显著；括号内为 T 值。

表 6-3 中，研发投入、研发强度的系数在 1% 的显著性水平下都是显著的，说明企业研发投入有利于提高企业的产能利用率。企业专利数的系数分别在 5% 和 10% 的显著性水平下显著，说明企业拥有的技术水平越高，产能利用水平也就越充分。上述结果意味着回归方程（6.3）的系数 λ_0 显著大于 0，企业创新有利于提高企业的产能利用率，即理论假说 1 成立。战略性新兴产业处于不断变革和发展中，新兴产业的企业必须把握全球新科技革命和产业变革重大机遇，坚持技术创新驱动发展，突破关键核心技术的制约，提升自身的核心竞争力，才能有效地应对市场需求结构的变化，避免产能闲置与浪费。中国风能和光伏产业的企业一直过度依赖低成本优势在国内外市场竞争，缺乏研发和创新能力，对关键核心技术掌握不够。在 2008 年金融危机需求冲击和欧美发达国家"双反"背景下，中国战略性新兴产业迅速出现低端产品供应过剩、高质量产品供应

不足的结构性产能过剩。

在控制企业创新情况下，政府补贴会降低企业的产能利用率：当被解释变量为产能利用率时，政府补贴的系数在 10% 的显著性水平下均显著小于 0；当被解释变量为资产周转率时，政府补贴的系数一致小于 0，并且 T 值在 1 附近。政府补贴对企业产能利用率的影响主要有政府对企业投资行为的不当干预、企业创新两条途径，控制企业创新变量后，政府补贴代表着政府对企业投资行为的不当干预。政府补贴系数小于 0，意味着政府补贴的确是政府干预企业投资行为的重要手段，会降低企业的产能利用率，说明理论假说 2 成立。政府为了实现自身目标，会以补贴的方式干预企业的投资行为，干扰生产资源的有效配置和扰乱市场秩序，扭曲企业投资结构偏向，加速企业低端产能的形成。

二　企业创新的中介效应分析

式（6.3）～式（6.5）是为了检验企业创新的中介效应，我们分别用研发投入和专利数衡量企业创新，表 6 - 4 报告了核心解释变量的回归结果。步骤 1 的回归结果表明，政府补贴对企业产能利用率的综合效应为负但并不显著，说明政府补贴并不会显著恶化企业的产能过剩。吴春雅和吴照云（2015）的研究得到类似结论，在逐步增加控制企业特征的变量后，政府补贴对光伏和风能上市企业产能过剩的影响由显著变为不显著。财政补贴是政府扶持企业的重要手段，尽管政府在扶持企业发展过程中会过多促进企业的产能扩张，对企业的产能利用率有不利影响。但是，政府同样会关注企业产品的市场需求情况和相关产业的技术进步与创新，不可能持续拉低企业的产能利用率，我们的实证结果更符合现实。步骤 2 的回归结果中，政府补贴的系数均显著大于 0，说明政府补贴会增加企业的研发投入和提高企业的技术创新水平。步骤 3 是在产能利用率的影响因素回归分析中引入研发投入或企业专利数，控制企业创新对企业产能利用率的影响。政府补贴系数的 T 值分别为 -2.08 和 -1.77，企业创新的系数在 5% 的显著性水平下显著，控制企业创新的中介效应后，政府补贴的系数显著下降，说明理论假说 3 成立，政府补贴可以通过促进企业创新的中间传导机制提高企业的产能利用率。政府补贴的产业扶持政策对需求市场尚不成熟、科技含量要求较高的新兴产业的发展十分重要，实施过程中应避免地方政府利用政府补贴对市场规制进行不当干预，要最大化地发挥政府补贴的产业扶持政策的效果，引导新能源等新兴产业自主创新和健康发展。

表 6 - 4　中介效应回归模型

步骤	标准回归方程	回归系数检验
1	$CU = -0.0026 \times Subsidy$	$SE = 0.006$，$T = -0.47$
2	$R\&D = 0.1300 \times Subsidy$	$SE = 0.042$，$T = 3.06$
3	$CU = 0.0364 \times R\&D - 0.0174 \times Subsidy$	$T_0 = 3.89$，$T = -2.08$
1	$CU = -0.0026 \times Subsidy$	$SE = 0.006$，$T = -0.47$
2	$INNOV = 0.1970 \times Subsidy$	$SE = 0.055$，$T = 3.57$
3	$CU = 0.0148 \times INNOV - 0.0724 \times Subsidy$	$T_0 = 2.00$，$T = -1.77$

注：SE 和 T 表示政府补贴（$Subsidy$）系数的标准误和 T 值，T_0 为企业创新系数的 T 值。

三　科技补贴的调节效应分析

传统的产业扶持政策往往通过补贴企业的产能形成成本的方式改善产业的利润空间，加速了产业同质化产品的产能扩张，缺乏研发专用性的扶持政策或政府补贴，难以引导市场需求和技术的同步增长，政府补贴的产业扶持政策并没有充分发挥其积极效果。政府的科技补贴要求企业专款专用，根据会计准则相关要求，政府科技补贴只能用于科技的创新研发和技术投产，具有较强的研发专用性。

接下来，为了检验科技补贴比例的提高是否能够改善政府补贴的效果，我们在中介效应模型中引入科技补贴比例作为政府补贴的调节变量，表6-5报告了核心解释变量的回归结果。步骤1的结果表明，科技补贴的比例越高，政府补贴对企业产能利用率的负向影响越小，因为科技补贴的专用性限制了企业将补贴用于同质化产品的产能扩张，使政府补贴主要发挥创新激励效应。步骤2的结果表明，非科技补贴不仅不能够显著促进企业创新，还对企业研发投入和创新产出有一定的负向影响。相反，科技补贴的比例越高，政府补贴对企业研发投入和专利产出的正向影响越大。步骤3进一步说明，在控制企业研发投入和技术创新的情况下，科技补贴也并不对企业的产能利用率造成负向影响。以上分析结果说明，科技补贴更能够有效刺激企业研发创新进而提高企业的产能利用率，非科技补贴并不能促进企业创新，对企业的产能利用率主要存在负向影响，即理论假说4成立。

表6-5　政府科技补贴的调节效应

步骤	标准回归方程	回归系数检验
1	$CU = -0.0208 \times Subsidy + 0.0278 \times Subsidy \times TE$	$T_1 = -1.33$，$T_2 = 1.73$
2	$R\&D = -0.0439 \times Subsidy + 0.2415 \times Subsidy \times TE$	$T_1 = -0.97$，$T_2 = 2.65$
3	$CU = 0.041 \times R\&D - 0.032 \times Subsidy + 0.020 \times Subsidy \times TE$	$T_1 = -2.62$，$T_2 = 0.98$
1	$CU = -0.0208 \times Subsidy + 0.0278 \times Subsidy \times TE$	$T_1 = -1.33$，$T_2 = 1.73$
2	$INNOV = -0.114 \times Subsidy + 0.211 \times Subsidy \times TE$	$T_1 = -1.05$，$T_2 = 3.23$

步骤	标准回归方程	回归系数检验
3	$CU = 0.016 \times INNOV - 0.042 \times Subsidy + 0.034 \times Subsidy \times TE$	$T_1 = -1.43$，$T_2 = 1.16$

注：T_1 和 T_2 分别表示政府补贴（$Subsidy$）、政府补贴与科技补贴交互项（$Subsidy \times TE$）系数的 T 值。

第四节　本章小结

我国战略性新兴产业尚处于发展起步阶段，竟然出现了产能过剩的"未老先衰"现象，这引发了社会各界对政府补贴等产业政策的质疑和反思。为此，探究战略性新兴产业产能利用的现状以及政府补贴在其中扮演的角色，具有重要借鉴和启示意义。我们利用随机前沿生产函数法测度了 48 家光伏和风能上市企业 2001～2015 年的产能利用率，仔细分析发现，以光伏和风能产业为代表的战略性新兴产业经历了由发展不足的产能利用偏低演变为创新不足的产能过剩。2012 年以来，光伏和风能产业的产能利用率持续下降，产能过剩的形势更为复杂。

考虑到目前我国战略性新兴产业产能过剩的本质是创新能力不足，我们将企业创新能力纳入政府补贴对企业产能利用率影响的分析框架。主要得出以下结论。

（1）改善企业研发投入、研发强度和专利数等衡量企业创新能力的指标，能够显著提高企业的产能利用率，战略性新兴产业的产能过剩治理应该聚焦于提高企业的研发创新能力。

（2）政府补贴作为政府干预的方式会扭曲企业的投资结构偏向，加速低技术含量的产能扩张，从而降低企业的产能利用率，同时，政府补贴也会通过加速企业创新的方式提高企业的产能利用率。政府补贴对企业的产能利用率既有消极影响也有积极作用，并不一定会直接导致产能过剩。我们要充分发挥政府补贴等产业政策的积极作用，降低对市场秩序的干扰，引导战略性新兴产业自主创新和健康发展。

（3）政府科技补贴的比例越高，政府补贴对企业创新和企业产能利用率的正向影响越突出，研发专用性的政府补贴或者扶持政策对战略性新兴产业的长期健康发展更有利。

第七章　对外直接投资与产能过剩治理：
来自工业企业的微观证据

在此轮产能过剩治理过程中，政府积极实施"走出去"战略，鼓励企业大力发展对外直接投资，淘汰落后产能和转移过剩产能，促进产业结构升级。习近平总书记屡次对产能过剩问题进行评论，提出有序地向境外转移产能是化解国内过剩产能的重要途径。2014年，国家发改委也先后修订出台了《境外投资项目核准和备案管理办法》和《境外投资管理办法》，实施"备案为主、核准为辅"的企业对外投资管理模式，积极推动"走出去"战略，鼓励企业通过对外直接投资提升国际竞争力，促进产业结构升级和实现过剩产能转移。在政府积极推动"走出去"战略化解产能过剩的背景下，中国企业对外直接投资能有效化解产能过剩吗？

在对外直接投资被视为产能过剩长期治理对策的同时，对两者关系研究的文献却乏善可陈。现有讨论对外直接投资与产能过剩关系的文献的研究结论，主要可以分为以下三类。第一，基于对外直接投资的结构升级效应、出口贸易效应和转移过剩产能的作用，积极倡导通过鼓励企业对外直接投资的方式化解国内的产能过剩。李晓华（2013）指出鼓励国内丧失竞争力、贸易摩擦严重以及对投资品需求规模大的企业向国外进行直接投资，可以对外输出过剩产能、降低贸易摩擦和刺激国际市场对国内资本品的需求，有利于化解国内的产能过剩。相关研究认为"一带一路"建设能够推动产能过剩产业向国外转移，并为企业在全球范围内配置和利用资源提供良好的基础条件，提升企业的竞争优势。国家行政学院经济学教研部课题组（2014）认为，通过对外直接投资与非洲、拉美等地建立产业垂直分工体系，可以强化国内技术品和设备品的竞争优势，促进国内产业结构升级和消除国内过剩产能。第二，总结产能过剩治理的国际经验，说明对外直接投资是化解产能过剩的重要手段。刘建江等（2015）研究发现，美国为了应对二战后出现的产能过剩，通过国家战略引导产能输出，促进产业结构的国际调整，实现产能过剩治理的目标。曹秋菊（2016）总结了美、日、德、韩等国的产能过剩治理经验，认为对外直接投资有利于转移国内过剩产能，促进产业结构从传统低端制造向高端制造转型。第三，总结和梳理对外直接投资对产能过剩的影响及作用机制，并实证检验对外直接投资化解产能过剩的作用。杨振兵（2015）从理论上阐述了对外直接投资将从生产侧与消费侧抑制母国的产能过剩，并利用2003～2012年的省际面板数据检验了对外直接投资对产能过剩的积极影响。倪中新等（2016）认为"一带一路"倡议有助于增加我国钢铁的出口需求，并运用 TVP－VAR 模型预测实施"一带一路"倡议后我国钢铁需求量的变化，结果表明，"一带一路"倡议的实施将逐年化解国内过剩的钢铁产能。总体而言，只有极少数文献涉及对外直接投资化解产能过剩的理论机制讨论和实证检验，并且尚未有文献从微观实证角度进行严谨的检验。

本书通过《中国工业企业数据库》（2005～2009年）和商务部公布的《中国境外投资企业（机构）名录》数据匹配，尝试从微观企业层面考察中国工业企业对外直接投资化解企业产能过剩的作用，试图弥补这一研究领域的空白。研究方法上，首先，采用倾向得分匹配法（Propensity Score Matching，PSM）克服企业对外直接投资可能存在"自选择效应"的样本选择偏差；其次，运用倍差法解决遗漏变量问题产生的内生性问题并得到"政策处理效应"，衡量企业对外直接投资所带来的产能过剩下降程度。本书的实证研究结果为企业对外直接投资具有产能过剩化解效应提供了较为精准的微观证据，同时为政府支持和鼓励企业对外直接投资、实施"一带一路"倡议治理产能过剩的思路提供经验证据。

第一节　对外直接投资化解产能过剩的理论分析

尽管国内外文献尚未直接支持对外直接投资会对母国企业的产能利用率或者产能过剩造成影响，但大量文献从理论和实证角度说明了对外直接投资会对母国企业出口贸易、技术创新、产品竞争力以及投资行为等与企业产能过剩密切相关的因素造成影响。接下来，本书先梳理企业对外直接投资对产能过剩的影响机制，再提出两个待检验的基本命题。

企业对外直接投资主要通过出口贸易、逆向技术溢出、国际市场竞争以及国内投资替代四种渠道化解企业的产能过剩。第一，通过刺激出口贸易化解企业的产能过剩。对外直接投资可以通过消除国际贸易壁垒、拓展贸易渠道等方式促进企业的出口贸易（蒋冠宏、蒋殿春，2014），出口贸易的"销售效应"能够直接提高企业的产能利用率（刘航等，2016），出口贸易的"学习效应"可以提升企业对行业前沿技术的利用水平，从而改善企业的产能利用情况。第二，通过逆向技术溢出化解企业的产能过剩。发展中国家企业通过对外直接投资可以近距离接近技术领先企业的前沿技术，不仅能够促进企业加速模仿国外先进技术，也有助于企业实现技术赶超

（Lall，Chen，1983；Kogut，Chang，1991）。此外，对外直接投资的逆向技术溢出还能够显著提高企业的生产效率（肖慧敏、刘辉煌，2014），提高企业的产能利用率。第三，OFDI 通过国际市场竞争化解企业的产能过剩。企业在对外直接投资后进入了广阔的国际资源市场和国际产品市场，激烈的国际竞争会倒逼企业提高产品质量，进而提高产品的市场需求和溢价，最终有助于化解企业的产能过剩（杜威剑、李梦洁，2015）。此外，国际市场竞争还会加速企业技术创新，提升企业对先进前沿技术的利用水平和提高企业的产品竞争力（杨振兵，2015）。第四，OFDI 通过国内投资替代化解企业的产能过剩。对外直接投资会通过投资替代效应挤占企业相对有限的国内资源（项本武，2007），使得企业减少在国内生产和销售的产品，同时会提升企业对国内相对稀缺资源的充分利用能力，这些最终都会提高企业的产能利用率。据此，我们提出命题一。

命题一：企业开展对外直接投资能够显著降低企业的产能过剩指数，即企业对外直接投资能够化解产能过剩。

出口贸易可以直接增加企业产品的外部需求，国内投资替代能够直接减缓企业在国内扩张产能，是对外直接投资化解产能过剩的直接渠道；逆向技术溢出、国际市场竞争主要能够提升企业对行业前沿技术的利用水平和提高企业的产品质量，从而提高企业的产能利用率，是对外直接投资化解产能过剩的间接渠道。在产能过剩行业内，企业面临化解产能过剩的迫切诉求，对外直接投资能够通过增加出口贸易、国内投资替代直接渠道迅速提高企业的产能利用率。在非产能过剩行业内，企业提高产能利用率的动机相对缺乏，出口贸易增长会加速企业产能扩张，对外直接投资也并非只有简单的投资替代效应（余官胜、杨文，2014），提高企业产能利用率的直接渠道的作用较小，只能依赖于逆向技术溢出、国际市场竞争间接渠道缓慢提高企业的产能利用率。基于此，我们提出命题二。

命题二：对外直接投资对产能过剩的作用在过剩行业与非过剩行业之间存在异质性，过剩行业的对外直接投资对企业产能过剩的化解作用更为突出。

第二节　测度方法、实证检验模型和数据说明

一　产能过剩的测度方法

微观经济理论定义的产能过剩一般是指企业的实际产出低于平均成本最小时的最优产出（Berndt, Morrison, 1981；Berndt, Fuss, 1986）或者生产要素充分利用时的潜在产出（Klein, Perry, 1973；Kirkley, Paul, Squires, 2002），新闻媒体所指的产能过剩往往是指消费市场上产品供给大于市场需求、库存积压的现象（杨振兵，2016）。新闻媒体所指的产能过剩忽视了工业企业的潜在产出能力，微观经济理论定义的产能过剩则忽视了企业面临市场需求不足、库存积压现象。实际研究过程中，产能过剩一般被表述为企业的实际生产能力超过市场有效需求、超过了正常期望水平的状态（钟春平、潘黎，2014；赵昌文等，2015）。本书借鉴杨振兵（2016）的方法，将产能利用率分解为消费端产能利用率和供给端产能利用率，用企业的工业产品销售率（工业销售产值/工业总产值）衡量消费端产能利用率，供给端产能利用率测度方法主要包括成本函数法与随机前沿生产函数法。由于中国资源要素价格长期处于扭曲状态且难以获得生产要素价格的数据，成本函数法的测度结果容易出现偏差，甚至有学者认为用成本判定产能过剩本身就存在缺陷（Demsetz，1959；Klein，1960；杨振兵，2016），采用能够规避价格成本因素的随机前沿生产函数法测度供给端产能利用率更为准确。本书的产能

利用率测度公式为：

$$CU_{it} = \frac{Y_{it}^d}{Y_{it}^*} = \frac{Y_{it}^d}{Y_{it}^P} \times \frac{Y_{it}^P}{Y_{it}^*} = \frac{Y_{it}^d}{Y_{it}^P} \times TE_{it} \qquad (7.1)$$

其中，Y_{it}^* 表示生产要素充分利用时的潜在产出，Y_{it}^d 表示消费市场对企业产品的实际需求，Y_{it}^P 为企业的实际产出。产能利用率分解为两部分：$\frac{Y_{it}^d}{Y_{it}^P}$ 为企业的产品销售率；TE_{it} 为企业的生产效率，衡量企业对已有生产要素的充分利用程度以及对前沿技术的利用水平。

虽然产能利用率可以衡量产能过剩的严重程度，但根据 Kirkley、Paul 和 Squires（2002）的方法构建的产能过剩指数 [见式（7.2）] 具有更为直观的含义。产能过剩指数代表企业的实际产能超过市场对企业实际有效需求的程度，当 EC 取值为 0 时，表示不存在产能过剩；当 EC 取值大于 0 时，代表实际产能超过市场需求的程度：

$$EC_{it} = \frac{1}{CU_{it}} - 1 = \frac{1}{TE_{it}} \times \frac{Y_{it}^P}{Y_{it}^d} - 1 \qquad (7.2)$$

二　实证检验模型

我们旨在研究中国企业对外直接投资与产能过剩指数的因果关系，即我们要评估企业对外直接投资前后产能利用率的变化。对外直接投资的平均处理效应可以表示为：

$$\delta = E(\Delta EC_{it}^1 \mid du = 1) - E(\Delta EC_{it}^0 \mid du = 1) \qquad (7.3)$$

其中，du 表示是否为对外直接投资（OFDI）企业，实验组取值为 1，对照组取值为 0。ΔEC_{it}^1 表示实验组企业参与对外直接投资状态下产能过剩指数的变化，ΔEC_{it}^0 表示实验组企业不参与对外直接投资状态下产能过剩指数的变化。由于实验组企业不参与对外直接投资状态下产能过剩指数的变化不可观测，这是典型的反事实分析，实际研究中经常采用对照组企业产能过剩指数的变化进行替代：

$$\delta = E(\Delta EC_{it}^1 \mid du = 1) - E(\Delta EC_{it}^0 \mid du = 0) \qquad (7.4)$$

在此基础上，我们进一步控制企业其他变量的影响，得到具体的计量检验模型：

$$EC_{it} = \alpha_0 + \alpha_1 \times du + \delta \times du \times dt + X_{it}\beta + \sum_t \tau_t(Yeart) + \varepsilon_{it} \quad (7.5)$$

其中，dt 为企业对外直接投资前后的虚拟变量，实验组对外直接投资后取值为 1，实验组对外直接投资前和对照组的取值为 0；τ_t 为时间虚拟变量对应的系数，衡量产能过剩指数的时间趋势特征。δ 的估计量表示企业对外直接投资后产能过剩指数的下降程度，称为"倍差法"估计量，如果 δ 显著小于 0，则说明企业对外直接投资能够化解产能过剩。EC_{it} 代表企业的产能过剩指数，X_{it} 代表企业规模、企业年龄、所有权结构、融资约束等控制变量。

使用合适的参数估计方法，得到 δ 的一致性估计量是本研究的核心问题。在满足"时间效应相同"的假设条件下，倍差法模型通过双重差分得到"处理效应"，可以解决因遗漏变量产生的内生性问题。但是，Helpman 和 Yeaple（2004）研究表明，生产效率高的企业具有更强的倾向，以开展对外直接投资活动，即企业参与对外直接投资存在"自选择效应"。对外直接投资存在"自选择效应"意味着回归分析中还存在样本选择偏差问题，倍差法模型要求实验组与对照组之间"时间效应相同"的前提条件难以得到满足。为此，我们需要采用倾向得分匹配法为实验组企业寻找可观测特征最相邻的对照组企业，克服样本选择性偏差。因此本书采用倾向得分匹配法与倍差法相结合的 PSM – DID 方法进行回归分析，以便能更好地控制可观测因素引起的样本选择偏差问题与不可观测因素引起的遗漏变量问题。

三　数据说明和变量选取

借鉴蒋冠宏和蒋殿春（2014）的做法，本书利用《中国工业企业数据库》（2005～2009 年）和《中国境外投资企业（机构）名录》二者的匹配数据，识别工业企业数据库中的企业开展对外直接投资活动的情况，同时剔除企业名称出现重复、企业从业人数小于等于 10 人、不符合一般公认的会计准则（GAPP）以及工业总产值、工业销售产值、总资产、固定资产等关键性指标小于等于 0 或者缺失的样本。本书采用倾向得分匹配法为实验组（OFDI 企业）找到对外直接投资概率相近的对照组（非 OFDI 企业），在参考相关文献（Bellone，Musso，Nesta et al.，2008；Hijzen，Jean，Mayer，2011；蒋冠宏、蒋殿春，2014）的基础上，选取企业规模、劳动生产率、资本密集度、是否出口、所有制特征等企业特征变量以及行业、地区虚拟变量计算企业对外直接投资的倾向得分，再根据计算得出的倾向得分，采用非精确匹配法将实验组与对照组进行匹配。本书列示了利用匹配比为 1∶4 的最近邻居匹配法（K-nearest Neighbors Matching）在匹配后对样本进行的实证检验的结果。匹配平衡性检验的结果表明，各个匹配变量标准偏差的绝对值均显著小于 20%，说明两组样本之间的数据特征较为接近，符合可比性的要求（Rosenbaum，Rubin，1983）。

被解释变量为产能过剩指数，利用工业总产值、工业销售产值、固定资产净值平均余额和从业人数，根据式（7.1）、式（7.2）计算得到。其中，TE_{it} 采用随机前沿生产函数法按二位数行业分行业测度得到，随机前沿生产函数法测度产能利用率可以参考杨振兵（2016）的研究，但本书没有对无效率项施加单趋势变动的结构约束。在借鉴产能过剩相关文献（周瑞辉、廖涵，2015；杨振兵，2015；Tian，2016；刘航等，2016）的基础上，选取如下控制变量：企业规模（*Size*），用企业固定资产净值年平均余额的对数衡量；企业年龄（*Age*），定义为时间 t 减去企业注册年份，取对数；资本密集度（*KL*），用企业固定资产净值年平均余额与全部雇员年平均人数比值的对数衡量；融资约束（*Finace*），用资产负债率衡量，资产负债率越高，表示企业的融资约束越低；行业集中度（*HHI*），选取赫芬达尔指数来测度四位数行业的行业集中度；市场分割程度（*IMF*），采用"价格法"在省际层面上衡量，市场分割程度越强，表示企业受地方保护越严重；此外，还有是否受政府补贴（*d_bt*）、是否为国有企业（*d_soe*）、是否为外资企业（*d_fdi*）、是否为出口企业（*d_exp*）等控制变量。最后，本书还增加了城市、行业的虚拟变量来控制企业所在城市的特征和所属行业的特征。

根据测度得到的企业产能利用率数据，我们展示了 OFDI 企业和非 OFDI 企业产能利用率的核密度情况（见图 7-1 和图 7-2）。从分布来看，OFDI 企业的供给端产能利用率明显高于非 OFDI 企业，OFDI 企业的消费端产能利用率也在一定程度上高于非 OFDI 企业，

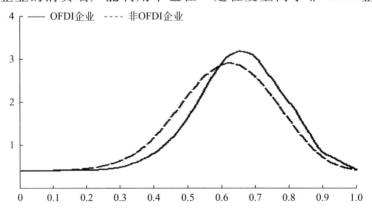

图 7-1　供给端产能利用率的核密度

说明企业参与对外直接投资与产能利用率之间存在正相关关系。然而，这种正相关关系既可能是由企业对外直接投资促进产能利用率上升带来的，也可能是由产能利用率高的企业参与对外直接投资活动的倾向更高带来的。接下来，本书将通过严谨的微观实证检验，考察企业对外直接投资能否降低企业的产能过剩指数，以期深化对该问题的认识。

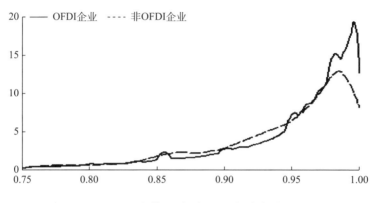

图 7 - 2　消费端产能利用率的核密度

第三节　实证检验和结果分析

一　用倾向得分匹配法计算平均处理效应

本书先利用平均处理效应估计企业开展对外直接投资活动所带来的产能过剩指数下降程度，即利用当期对照组的产能过剩指数模拟 OFDI 企业的"反事实情形"，比较 OFDI 企业在开展对外直接投资活动前后产能过剩指数的差异。关于倾向得分匹配法和平均处理效应估计的细致介绍参见 Rosenbaum 和 Rubin（1983）以及郭申阳和弗雷泽（2012）的研究，样本匹配前后的平均处理效应如表 7 - 1 所示。

表 7 - 1 倾向得分匹配法的平均处理效应检验

年份	样本	实验组	对照组	差异	标准误	T 值
2005	匹配前	0.4077	0.4956	- 0.0879	0.0284	- 3.10
	匹配后	0.4077	0.4728	- 0.0651	0.0225	- 2.89
2006	匹配前	0.3504	0.4928	- 0.1424	0.0325	- 4.38
	匹配后	0.3504	0.3787	- 0.0283	0.0116	- 2.44
2007	匹配前	0.3815	0.4637	- 0.0822	0.0296	- 2.78
	匹配后	0.3815	0.4125	- 0.0310	0.0108	- 2.87
2008	匹配前	0.4624	0.5481	- 0.0857	0.0274	- 3.13
	匹配后	0.4624	0.4922	- 0.0298	0.0127	- 2.35
2009	匹配前	0.4861	0.5377	- 0.0516	0.0114	- 4.53
	匹配后	0.4861	0.5193	- 0.0332	0.0098	- 3.39

从表 7 - 1 可以看出，样本匹配前后得到的平均处理效应存在显著的差异，样本匹配后产能过剩指数的差异大幅度减小。样本匹配前的平均处理效应有两个来源：一个是对外直接投资的"处理效应"，即实验组企业开展对外直接投资活动引起的产能过剩指数的下降；另一个是实验组企业和对照组企业之间的系统性差异，即实验组企业在未开展对外直接投资活动状态下的产能过剩指数和对照组企业产能过剩指数的差异。采用倾向得分匹配法剔除实验组企业和对照组企业之间的系统性差异后，平均处理效应最小 T 值为 2.35，说明企业开展对外直接投资活动后产能过剩问题得到了显著的改善，可以初步判断对外直接投资能够化解企业的产能过剩。此外，样本匹配后产能过剩指数的差异大幅度减小，说明对外直接投资的"自选择效应"会导致随机分组假定下的估计结果偏高，意味着实验组企业在未开展对外直接投资活动状态下的产能过剩指数也低于对照组企业。换言之，产能过剩指数越高的企业参与对外直接投资活动的倾向越

低。因此，可以初步认为，企业开展对外直接投资活动可以显著提高产能利用率，并且产能过剩企业缺乏意愿参与对外直接投资活动。

二 PSM - DID 回归结果与分析

利用倾向得分匹配法后的平均处理效应克服了企业对外直接投资的"自选择效应"，但没有排除其他因素对企业产能过剩指数的影响，仅克服"自选择效应"依然不能保证样本在实验组和对照组之间的随机性。此外，如果利用倾向得分匹配法后的样本直接运用 OLS 回归方法就可能存在因遗漏变量产生的内生性问题，倍差法模型通过双重差分的办法可以解决遗漏变量产生的内生性问题。接下来根据倾向得分匹配样本，运用倍差法识别企业对外直接投资与产能过剩的因果关系，估计结果如表 7 - 2 中列（1）至列（4）。du 的系数衡量实验组企业与对照组企业之间产能过剩指数的系统性差异，它的估计系数并不能显著拒绝等于 0 的原假设，说明在没有对外直接投资状态下，实验组企业的产能过剩指数并没有系统性地异于匹配对照组企业，可以认为倾向得分匹配法成功解决了对外直接投资的"自选择效应"。时间虚拟变量的系数 τ_t 衡量工业整体产能过剩指数的趋势特征，可以看出产能过剩指数在 2005 ~ 2007 年逐步下降，2008 年受金融危机冲击后，产能过剩问题迅速恶化。$du \times dt$ 是核心解释变量，衡量实验组企业对外直接投资后产能过剩指数的下降程度，$du \times dt$ 的回归系数在 1‰ 的显著性水平下均显著，且小于 0，说明对外直接投资的确可以化解企业的产能过剩。在只控制年份、地区和行业差异情况下，企业开展对外直接投资活动较不开展对外直接投资活动的产能过剩指数降低了 6.79%，在控制其他影响因素情况下，企业开展对外直接投资活动后产能过剩指数下降了 2.82%。基于 PSM - DID 回归结果表明，中国企业对外直接投资的确可以化解企业的产能过剩，命题一成立。

表 7 – 2　PSM – DID 模型的基准回归与分行业回归结果

变量	（1）	（2）	（3）	（4）	（5） 非过剩行业	（6） 过剩行业
du	− 0. 0008 （ − 0. 28）	0. 0078 （0. 67）	0. 0062 （0. 60）	0. 0062 （0. 61）	− 0. 0048 （ − 0. 41）	0. 0075 （0. 53）
du × dt	− 0. 0679*** （ − 31. 13）	− 0. 0279*** （ − 9. 20）	− 0. 0216*** （ − 8. 27）	− 0. 0282*** （ − 9. 45）	− 0. 0232*** （ − 3. 93）	− 0. 1320*** （ − 13. 20）
Size	—	− 0. 0381*** （ − 75. 24）	− 0. 0382*** （ − 70. 75）	− 0. 0385*** （ − 78. 61）	− 0. 0334*** （ − 23. 76）	− 0. 092* （ − 21. 19）
Age	—	− 0. 0140*** （ − 46. 63）	− 0. 0163*** （ − 19. 52）	− 0. 0127*** （ − 17. 93）	− 0. 0098*** （ − 25. 39）	− 0. 0044*** （ − 10. 03）
KL	—	0. 0187*** （75. 97）	0. 0163*** （56. 12）	0. 0201*** （87. 94）	0. 0156*** （57. 48）	0. 0132*** （35. 24）
Finace	—	− 0. 0002 （ − 0. 67）	0. 0015 （1. 68）	0. 0001 （0. 54）	0. 0002** （2. 80）	− 0. 242 （ − 1. 77）
HHI	—	− 0. 1410*** （ − 4. 20）	− 0. 5123*** （ − 8. 95）	− 0. 1221*** （ − 3. 88）	− 0. 1082*** （ − 3. 57）	− 0. 3130*** （ − 4. 24）
d_soe	—	0. 0614*** （13. 76）	0. 0927*** （33. 26）	0. 0555*** （15. 43）	0. 0779*** （39. 49）	0. 0246*** （11. 34）
d_fdi	—	0. 0128*** （10. 48）	0. 0190*** （19. 38）	0. 0137*** （8. 67）	0. 0144*** （16. 31）	0. 223 （1. 87）
d_exp	0. 0196*** （26. 64）	0. 0267*** （31. 16）	0. 0175*** （19. 26）	0. 0225*** （26. 94）	0. 0213** （18. 50）	—
IMF	0. 0055*** （8. 62）	0. 0022*** （3. 30）	0. 0015* （2. 37）	0. 00419* （2. 55）	0. 00669*** （4. 73）	—
d_bt	—	0. 0093*** （24. 01）	0. 0069*** （16. 94）	0. 0013* （2. 29）	0. 0064*** （5. 68）	0. 169 （1. 06）
Year 06	− 0. 0145 （ − 0. 21）	− 0. 0031 （ − 0. 04）	− 0. 0051 （ − 0. 07）	− 0. 0032 （ − 0. 04）	− 0. 0068 （ − 0. 18）	− 0. 0280 （ − 1. 46）
Year 07	− 0. 0245 （ − 1. 16）	− 0. 0411*** （ − 7. 85）	− 0. 0450*** （ − 5. 58）	− 0. 0423*** （ − 5. 92）	− 0. 0359*** （ − 4. 34）	− 0. 0756*** （ − 4. 49）

续表

变量	（1）	（2）	（3）	（4）	（5） 非过剩行业	（6） 过剩行业
Year 08	0.0437*** （11.59）	0.0489*** （9.98）	0.0535*** （15.11）	0.0587*** （11.86）	0.0203*** （8.24）	0.0604*** （14.27）
Year 09	0.0356*** （10.40）	0.0373*** （3.86）	0.0440*** （9.12）	0.0459*** （9.19）	0.0375*** （4.26）	0.0632*** （8.04）
Region	Yes	No	No	Yes	Yes	Yes
Industry	Yes	No	Yes	Yes	Yes	Yes
调整后的 R^2	0.109	0.040	0.148	0.216	0.213	0.224

注：＊＊＊、＊＊和＊表示在1‰、1%和5%的显著性水平下显著；括号内为 *T* 值；*Region* 和 *Industry* 表示省份和行业的固定效应，下文同。

　　对外直接投资对产能过剩的正向影响是否在产能过剩行业与非产能过剩行业之间存在差异？本书将工业四位数行业中平均产能过剩指数靠后的25%行业定义为产能过剩行业，据此定义的产能过剩行业基本覆盖了《国务院关于化解产能严重过剩矛盾的指导意见》中公布的过剩行业，估计结果见表7-2中列（5）和列（6）。过剩行业和非过剩行业 *du* × *dt* 的回归系数分别为 -0.1320 和 -0.0232，且在1‰的显著性水平下显著，说明对外直接投资对企业产能过剩指数的影响在过剩行业和非过剩行业之间存在显著差异，产能过剩行业对外直接投资对企业产能过剩的化解作用更为突出，命题二成立。以上结论说明，产能过剩行业可以通过大力发展对外直接投资化解产能过剩。然而，对外直接投资的"自选择效应"意味着产能过剩企业参与对外直接投资的意愿较低，可以推理产能过剩行业对外直接投资的参与度也较低。就政策制定而言，特别需要通过制度安排和激励机制设计，鼓励产能过剩行业的优质企业积极开展对外直接投资活动。

控制变量回归系数的符号和显著性基本符合理论预期，说明回归系数估计结果相对稳健，实证结果可靠。企业规模和行业集中度对企业的产能过剩具有抑制作用，说明政府可以通过促进和支持企业兼并和产能集中方式进行过剩产能的治理（周瑞辉、廖涵，2015）。企业年龄（Age）的系数显著为负，说明企业在生产经营活动中存在学习效应，即存续时间较长的企业在管理经验、市场经验以及产能调整方面上更有优势。我国重工业化过程中体制性扭曲引致的过度投资是产能过剩的直接原因，回归中表现资本密集度的系数显著为正。融资约束的系数和符号都不稳健表明企业融资约束对企业产能过剩指数的确切影响并不确定。是否为国有企业和是否为外资企业的回归系数为正值，主要是因为民营企业相较于国有企业来说更有"激励"，能充分利用产能；相较于外资企业来说，国有企业拥有更多的市场信息，并及时进行产能调整。受政府补贴以及市场分割程度代表着政府干预和市场扭曲情况，对企业产能过剩具有显著的恶化作用。是否为出口企业的回归系数显著大于 0，说明出口企业的产能过剩指数高于非出口企业，主要是 2008 年金融危机导致全球的外贸需求萎缩和各国贸易保护主义抬头，出口型企业受到严重需求冲击，产能过剩更为突出。

三　扩展回归分析

（1）规模效应检验

《中国境外投资企业（机构）名录》并没有直接披露企业对外直接投资规模的信息，但是依据名录信息可以计算出企业对外直接投资的核准次数和对外直接投资国家的数量，这两个指标间接地衡量了企业对外直接投资的规模（李磊、包群，2015）。由于很少企业对同一个国家的投资需要两次及两次以上核准，并且对同一国家多次核准通常只是企业采取了渐进式业务扩张模式，本书认为企业对外直接投资国家的数目更能衡量对外直接投资规模，因此，我们使用企业对外直接投资国家的数目衡量企业 OFDI 规模，估计结果如表7 - 3 所示。表7 - 3 使用的样本为所有 OFDI 企业（实验组企业），列（10）和列（11）是按前文分类方法将四位数行业分为过剩行业和非过剩行业后进行的回归分析。表7 - 3 中 OFDI 规模（Ofdi_Size）的系数均为负值，并且大部分回归在 1% 的显著性水平下显著，在控制行业和地区固定效应后，OFDI 规模的系数在 10% 的显著性水平下显著。总体而言，回归结果表明 OFDI 规模的提高有利于化解产能过剩，对外直接投资国家的数目越多，产能过剩指数越小。此外，OFDI 规模对产能过剩指数的影响在过剩行业和非过剩行业之间同样存在差异，过剩行业 OFDI 规模化解产能过剩的作用同样更为突出。其他控制变量的估计结果稳健，这里不再详述。

表 7 - 3   OFDI 规模对企业产能过剩的影响

变量	（7）	（8）	（9）	（10） 过剩行业	（11） 非过剩行业
Ofdi_Size	- 0. 0048 *** （ - 5. 06）	- 0. 0015 ** （ - 3. 00）	- 0. 0011 （ - 1. 91）	- 0. 0182 *** （ - 9. 19）	- 0. 0017 （ - 1. 16）
Size	- 0. 0542 *** （ - 24. 29）	- 0. 0558 *** （ - 27. 22）	- 0. 0541 *** （ - 23. 85）	- 0. 0440 *** （ - 9. 64）	- 0. 0567 *** （ - 23. 73）
Age	0. 0264 *** （5. 27）	0. 0301 *** （6. 33）	0. 0328 *** （6. 45）	0. 0388 *** （3. 82）	0. 0237 *** （4. 28）
KL	0. 0322 *** （8. 54）	0. 0286 *** （7. 89）	0. 0371 *** （9. 70）	0. 0292 *** （5. 03）	0. 0305 *** （8. 23）
Finace	0. 0574 *** （3. 88）	0. 0511 *** （3. 32）	0. 0578 *** （3. 82）	0. 116 *** （4. 25）	0. 0312 * （2. 04）
HHI	- 0. 0196 （ - 0. 04）	- 0. 478 （ - 1. 11）	- 0. 375 （ - 0. 78）	- 1. 031 （ - 1. 69）	0. 296 （0. 43）

变量	(7)	(8)	(9)	(10) 过剩行业	(11) 非过剩行业
d_soe	0.152*** (6.14)	0.122*** (4.50)	0.130*** (5.30)	0.219*** (3.50)	0.0936** (2.95)
d_fdi	0.0062 (0.92)	−0.0006 (−0.10)	0.0126 (1.80)	0.0151 (1.10)	−0.0118 (−1.42)
d_exp	−0.0016 (−0.21)	0.0051 (0.65)	−0.0052 (−0.63)	0.0072 (0.51)	0.0034 (0.41)
IMF	−0.0629 (−1.50)	−0.127*** (−3.46)	−0.0778 (−1.72)	−0.345** (−2.61)	−0.0819 (−1.60)
d_bt	−0.0064 (−0.91)	−0.0136 (−1.90)	−0.0318*** (−4.94)	−0.00675 (−0.42)	−0.0244** (−2.69)
Year	Yes	Yes	Yes	Yes	Yes
Region	No	No	Yes	Yes	Yes
Industry	No	Yes	Yes	Yes	Yes
调整后的 R^2	0.156	0.183	0.268	0.236	0.194

（2）滞后效应检验

企业对外直接投资对出口贸易、技术创新、产品竞争力的作用存在滞后效应（蒋冠宏、蒋殿春，2014），可以认为对外直接投资对企业产能过剩指数的影响同样可能存在滞后效应。此外，基于产能过剩治理的目标，需要弄清楚对外直接投资对企业产能过剩指数是否具有持续或者长期的影响。如果对外直接投资对企业产能过剩的影响具有长期性，则说明支持和鼓励企业大力发展对外直接投资、积极参与国际竞争化解企业产能过剩的思路就长期而言是可行的。为此，有必要分析对外直接投资对企业产能过剩指数影响的滞后效应，回归结果如表7-4所示，不难发现以下结论。第一，是否为实验组 du 的系数在1‰的显著性水平下显著，且小于0，说明实验组产能过剩指数低于对照组，但这并没有悖于预期，L_ofdi 的系数只是衡量了企业对外直接投资的单期效应，其余期的效应反映在 du 的系数上，du 的系数显著为负值正好说明了对外直接投资可以长期化解企业的产能过剩。第二，滞后 1 期对外直接投资变量的系数小于 0 但并不显著［见列（12）］，说明企业对外直接投资并不能马上显著降低企业的产能过剩指数，由于企业获得对外直接投资核准后，从完成对外投资到国外投资企业正常经营，再到中间作用机制反馈给母公司，都需要一定的周期，因此，企业获得对外直接投资核准后需要一定周期才能显著化解产能过剩。第三，滞后 2 ~ 4 期核心解释变量的系数均显著小于 0［见列（13）~ 列（15）］，并且依次减小，说明企业对外直接投资两年后对产能过剩指数的影响最大，随后呈现递增趋势，对外直接投资可以长期化解企业的产能过剩。

表 7 - 4　OFDI 滞后效应的检验结果

变量	（12） 滞后 1 期	（13） 滞后 2 期	（14） 滞后 3 期	（15） 滞后 4 期
du	- 0. 0046 *** (- 10. 05)	- 0. 0021 *** (- 6. 37)	- 0. 0034 *** (- 8. 55)	- 0. 0089 *** (- 19. 54)
L_ofdi	- 0. 0089 (- 1. 17)	- 0. 0221 *** (- 18. 37)	- 0. 0133 *** (- 6. 60)	- 0. 0107 *** (- 4. 01)
$Size$	- 0. 0366 *** (- 33. 99)	0. 154 *** (- 17. 14)	- 0. 0382 *** (- 39. 44)	0. 0293 *** (- 23. 45)
Age	0. 0138 *** (19. 34)	0. 0092 *** (10. 95)	0. 0163 *** (11. 2)	- 0. 0071 *** (- 8. 31)
KL	0. 0180 *** (59. 28)	0. 0169 *** (42. 39)	0. 0163 *** (62. 23)	- 0. 0173 *** (- 40. 89)
$Finace$	0. 0001 (0. 66)	0. 0004 (0. 88)	0. 0001 (0. 49)	0. 0003 (0. 15)

续表

变量	（12）滞后 1 期	（13）滞后 2 期	（14）滞后 3 期	（15）滞后 4 期
HHI	− 0.0568 （− 1.45）	− 0.0572 （− 1.16）	− 0.0512 （− 1.05）	− 0.0824* （2.43）
d_soe	0.0741*** （18.84）	0.0699*** （14.67）	0.0927*** （35.83）	− 0.018*** （− 20.32）
d_fdi	0.0132*** （13.44）	0.0157*** （21.13）	0.0190*** （28.12）	0.0119*** （8.56）
d_exp	0.0182*** （28.95）	− 0.0227*** （− 34.87）	0.0267*** （29.73）	− 0.0055* （− 2.20）
IMF	0.0047*** （7.02）	− 0.0169*** （− 13.45）	− 0.0022*** （− 3.50）	− 0.0104*** （− 10.20）
d_bt	0.0089*** （21.44）	0.0072*** （− 19.89）	0.0069*** （16.29）	− 0.0034*** （− 9.25）
时间、城市及行业	Yes	Yes	Yes	Yes
调整后的 R^2	0.176	0.259	0.198	0.205

（3）稳健性检验

为验证实证结果的稳健性，本书进行了如下稳健性回归分析：①鉴于企业规模、企业年龄与产能利用率存在非线性关系（周瑞辉、廖涵，2015），引入企业规模变量、企业年龄变量的二次项作为回归的控制变量；②提高企业人力资本和研发创新能力会增加企业产品的吸引力，缓解企业产品供给与市场需求的结构性矛盾，在回归中增加人力资本（工资总额/员工人数）、是否产品创新两个控制变量；③企业注册类型没有考虑企业经营过程中股份变化和企业性质变化，依据注册类型划分国有、外资和民营企业可能并不合理，直接用国有股权比例、外资比例替代是否为国有企业、是否为外资企业控制变量；④由于出口贸易是对外直接投资对企业产能过剩影响的中介变量，剔除出口这一控制变量可以衡量对外直接投资对企业产能过剩影响的总效应；⑤企业对外直接投资的逆向技术溢出效应和产品竞争力的提升均会提升供给端产能利用率，用供给端产能过剩指数替代产能过剩指数；⑥企业对外直接投资引致的产品竞争力提升会提升消费端产能利用率，用消费端产能过剩指数替代产能过剩指数。

稳健性检验的估计结果见表 7 - 5 中列（16）～列（21）。表 7 - 5 中 du 系数的符号并不稳健，并且在 5% 的显著性水平下均不显著，再次说明倾向得分匹配法成功解决了对外直接投资的"自选择效"效应。列（16）～列（20）的 $du \times dt$ 系数在 1‰ 的显著性水平下均显著小于 0，说明 PSM - DID 估计结果相当稳健。列（21）的回归系数小于 0 且 T 值为 - 1.19，说明企业对外直接投资对消费端产能过剩的影响并不显著，这一结果源于产能过剩在供给端和消费端的不完全分解。由于企业会根据市场需求变化调整生产资源的充分利用程度，消费端产能利用情况最终会转嫁到供给端，因此，企业对外直接投资主要影响供给端产能过剩，而对消费端产能过剩的影响相对有限。总体而言，稳健性检验结果支持前文研究结论，支持和鼓励企业对外直接投资的"走出去"战略可以有效化解企业的产能过剩。

表 7 - 5 稳健性检验的估计结果

变量	（16）	（17）	（18）	（19）	（20）	（21）
du	0.0056 - 0.49	- 0.0742 （- 1.78）	- 0.0793 （- 1.75）	0.0057 （0.60）	- 0.0037 （- 0.24）	0.0079 （1.00）
$du \times dt$	- 0.0266*** （- 8.05）	- 0.0221*** （- 8.55）	- 0.0193*** （- 7.62）	- 0.0312*** （- 10.36）	- 0.0248*** （- 7.54）	- 0.0017 （- 1.19）
控制变量	Yes	Yes	Yes	Yes	Yes	Yes
时间、城市及行业	Yes	Yes	Yes	Yes	Yes	Yes

变量	（16）	（17）	（18）	（19）	（20）	（21）
调整后的 R^2	0.262	0.237	0.263	0.214	0.191	0.048

第四节　本章小结

化解产能过剩是中国当前经济可持续发展的重大挑战，鼓励企业对外直接投资的"走出去"战略是政府现阶段化解产能过剩危机的重要手段。中国"走出去"战略能否有效化解当前的产能过剩？为此，本书采用倾向得分匹配法为2005～2009年中国对外直接投资的工业企业找到可供比较的对照组，以克服企业对外直接投资可能存在"自选择效应"的样本选择偏差，在此基础上计算了样本匹配前后的平均处理效应。结果发现，样本匹配后的平均处理效应明显小于样本匹配前的结果，说明对外直接投资的"自选择效应"会导致随机分组假定下的估计结果偏高，意味着产能过剩越严重的企业越缺乏意愿参与对外直接投资活动。

为了进一步克服遗漏变量产生的内生性问题，本书运用倍差法模型衡量企业对外直接投资所带来的产能过剩指数的下降。倍差法模型的估计结果表明，企业开展对外直接投资活动后产能过剩指数下降了2.82%，即对外直接投资能够有效化解企业的产能过剩。接着，本书在将四位数行业划分为过剩行业和非过剩行业后，通过回归分析发现，对外直接投资对产能过剩的作用在过剩行业与非过剩行业之间存在异质性，过剩行业的对外直接投资对企业产能过剩的化解作用更为突出。

本书还进一步检验了对外直接投资的规模效应、滞后效应，检验结果表明：对外直接投资规模有利于化解产能过剩，对外直接投资国家的数目越多，产能过剩指数越小，增加企业对外投资国家的数目可以化解产能过剩；对外直接投资会长期影响企业的产能过剩指数，作用大小为先上升后下降，呈现倒"U"形，对外直接投资可以作为中国产能过剩的长期治理对策。最后，通过稳健性回归分析，检验了对外直接投资化解产能过剩结论的稳健性。

第八章 中国制造业产能过剩治理的
长效机制分析

第一节 "一带一路"倡议下国际
产能合作分析

一 我国制造业国际产能合作的必要性分析

2008 年金融危机以来，我国经济增长面临国内增长动力不足和国际贸易需求乏力的双重压力。从全球宏观经济运行来看，世界主要发达国家的经济发展进入低迷阶段，国际贸易在经历了大幅下滑之后增长相当缓慢，世界贸易总量增长速度连续几年一直低于3%，远低于我国加入 WTO 时的历史平均水平。在此背景下，以美国为代表的发达国家试图改变当前的国际贸易规则，出现逆全球化和逆贸易自由化趋势，不断强化区域贸易保护，外部需求不足给我国国际贸易的发展带来了很大的压力。从我国国内自身宏观经济运行情况来看，在经历了一系列重大随机冲击和大规模的宏观调控政策后，近几年中国经济增长率一直处于下滑趋势，经济运行呈现增长速度换挡期、结构调整阵痛期以及前期刺激政策消化期的"三期叠加"阶段特征，我国经济进入结构转型升级、新旧动能持续转换的关键时期。在此背景下，我国制造业增长相当乏力，许多行业出现产能利用不足、经营绩效下滑等现实问题，因此，我国经济面临国内和国外的双重压力。为了应对逆全球化和逆贸易自由化思潮，重塑区域经济增长动能，发展中国家迫切需要强化产能合作，共同推动经济社会发展。

我国经济经历了几十年的快速发展以后，制造业水平总体上已经获得了显著提高，但在钢铁、有色金属、煤炭、水泥等领域逐渐出现了高产能和高库存的现象。因此，我国一方面需要通过供给侧结构性改革不断优化供给结构和提高供给质量，另一方面需要通过"一带一路"倡议构建国际产能合作的新机制（陈继勇、蒋艳萍、王保双，2017）。2015年，我国中央财经领导小组会议首次提出了要加强供给侧结构性改革，增强经济持续增长的动力，而供给侧结构性改革的主要任务是纠正供需结构失衡的局面和治理制造业产能过剩。此外，作为扩大外需的"一带一路"倡议，也承载着化解制造业过剩产能、推动沿线国家贸易便利化和互联互通等伟大构想。根据世界银行的数据，1990～2013年，"一带一路"沿线的65个主要国家同期的国际贸易和对外直接投资平均增长速度分别为13.1%和16.5%，远高于世界整体水平。我国在制造业国内增长动力不足和国际贸易需求乏力的双重压力背景下，应落实"一带一路"倡议的伟大构想，加强与沿线国家的经济合作，促进我国经济发展，为对外辐射做贡献，繁荣和稳定沿线区域经济发展（倪中新等，2016；邱斌等，2016）。

二　我国制造业参与国际产能合作的具体对策

作为经济新常态下"稳增长、促转型"的重要支撑，鼓励我国企业"走出去"是推进经济结构调整、产业结构优化升级的重大战略任务。2013年，以习近平同志为核心的党中央在国际视野下先后提出了"丝绸之路经济带"和"21世纪海上丝绸之路"的"一带一路"倡议，为我国企业开展对外直接投资活动创造了难得的历史机遇，越来越多的企业到海外尤其是发展中国家开展直接投资活动。尤其是在发达国家出现逆全球化和逆贸易自由化趋势背景下，"一带一路"倡议对于全球着力培育区域发展新动能和促进沿线国家的经贸合作具有重要意义，同时为我国和沿线国家实现产能合作提供了宽广的平台，有助于中外产能合作的积极推进和发展。推进"一带一路"建设和国际产能合作是我国目前扩大和深化对外开放的迫切需要，也是我国加强和亚欧非及世界各国互利合作的有效途径。如何充分利用"一带一路"倡议的现实背景，积极推动和实施制造业国际产能合作已经成为我国亟待解决的现实问题。

因此，我国必须积极响应党中央"一带一路"倡议，强化国际产能合作，具体包括以下几点内容。第一，实现产业的优势互补，强化与沿线国家的产业交流合作。一方面，我国制造业企业有效利用沿线国家的资源禀赋，加强在能源、矿产资源等领域的合作，促进沿线国家的要素自由流动，提高沿线国家的生产效率；另一方面，加强钢铁、水泥等传统优势产业合作，积极推动沿线国家的基础设施建设，实现国际产能合作双赢。第二，加强沿线国家的经贸合作。通过市场规模扩张激励企业创新和转型升级，积极鼓励我国先进制造业与战略性新兴产业相关企业与沿线国家合作，这既可以积极推动沿线国家技术升级，也可以通过市场规模效应激励我国企业进行研发创新和重大关键技术突破，实现沿线国家先进制造业共同发展。第三，强化与沿线国家的科研合作，搭建准确、高效、具有时效性的信息共享平台。通过政府部门、高校、研究所等科研机构积极发挥其在理论研究和实践探索方面的主动性与前瞻性，进而构建一个系统的、动态的沿线国家的信息平台，以为我国制造业企业开展对外直接投资活动提供宏观指导和有效支持。第四，强化对外直接投资企业的风险防范意识，降低企业开展对外直接投资活动的风险。"一带一路"沿线国家的政治、经济、文化等方面十分复杂，企业在开展对外直接投资活动时必须增强风险防范意识，以规避海外投资的风险。第五，政府需要强化服务意识，支持企业对外直接投资，积极引导企业合理、高效地开展对外直接投资活动。

第二节　产能过剩治理的市场化法治化机制

一　产能过剩治理的市场化法治化机制的必要性分析

我国制定了一系列政策措施，但实施效果并不明显，产能过剩没有得到有效抑制，政策制定者和相关研究人员开始反思长期以来的行政干预能否有效化解产能过剩，也试图构建化解产能过剩的长效机制。我国历史上出现了多次大规模的产能过剩，也出台了大量行政干预的治理措施，在短期内也有一定效果，比如在 2008 年的需求刺激计划下，2009 年和 2010 年的产能利用率出现较快增长。然而，由于我国长期依靠行政干预手段，缺乏化解产能过剩的长效机制，产能过剩一直是困扰中国经济的顽疾。范林凯等（2015）指出，在市场化改革不到位情况下，政府行政干预的产能管制还会进一步加剧产能过剩的程度。

随着改革进程的不断深入，我国不断降低政府干预企业行为的程度，努力强化市场机制在要素配置中的核心地位，但是面对 2012 年以来的产能过剩并没有取得良好效果，说明市场化解产能过剩的自发机制尚有不足。因此，必须依靠法治化与市场化结合构建产能过剩治理的长效机制。2016 年 7 月，李克强总理在国务院常务会议中提出部署构建市场化法治化去产能的长效机制，进一步彰显了中央加快去产能的决心，同时也是对行政化去产能方式的纠偏。因此，适时调整政府干预范围和力度、回归市场主导的经济体制是供给侧结构性改革背景下防范和化解中国产能过剩的两个关键手段，产能过剩治理过程中必须强化治理过程的市场化和法治化（范林凯等，2015）。

为了能够构建制造业产能过剩治理的长效机制，我国化解产能过剩的新要求是"扩范围"和"转方式"，即产能过剩治理的范围从煤炭、钢铁等重点行业扩大到产能利用率偏低的其他领域，产能过剩治理的方式从短期的行政干预手段到长期的依法治理和市场机制调节转型。部署市场化法治化去产能的长效机制，对我国科学化解产能过剩具有重要的指导意义，也是我国依法治国的必然要求。

二 产能过剩治理的市场化法治化的机制研究进展

国外文献大多从企业行为解析产能过剩的发生机制，认为产能过剩是特定市场结构下企业间博弈活动的结果，抑或是由企业内部治理机制失灵所致，如在不完全信息下的理性选择、出于策略性竞争主动保持过剩产能、管理者出于追求利润或规避风险以外的经营目的做出的选择（Ogawa，Nishimori，2004）。也有西方学者从中观或宏观层面解释行业或区域性的产能过剩，但大多数研究都支持产能过剩是生产部门对宏观周期下行的自然反应，在资本密集行业或市场存在匹配摩擦时，经济周期下行会引起生产要素闲置和产能过剩（Michaillat，Saez，2015；Murphy，2017）。

企业间的兼并活动、有效的管理制度、适当的政府干预等都可能是化解产能过剩的有效途径。但是，由于将产能过剩归因于企业间博弈活动或者经济周期下行，西方学者主要认为在自由的市场条件下让企业进行良性竞争就可以化解产能过剩。只有针对渔场、集装箱码头等带有公共品性质、属于市场失灵领域的产能过剩，才需要适度的政府强制干预。从国际经验来看，英美日等国在利用扩大内需、产业转移等行政手段化解产能过剩的同时，更加注重排污、安全等标准的严格执法和完善资源环境监管体系，将环境污染成本内部化，积极利用市场机制倒逼高能耗、强污染以及安全不达标的企业退出市场；印度、俄罗斯等国出现产能过剩时则主要采取扩大内需、产业转移等行政手段化解，但执法监管不到位而导致市场化解产能过剩的机制失灵，治理成效甚微。国外研究和实践经验表明，市场机制是化解产能过剩的常态化机制，法治是弥补市场机制缺陷、维持市场机制有效运行的保障，短期内可以依靠行政干预的手段化解产能过剩，但依法治理和市场机制调节才是化解产能过剩的长效机制。

就我国制造业产能过剩治理的具体时间而言，相关研究认为应该从供给侧改革和需求侧刺激两方面着手：从需求侧增加投资需求、刺激消费需求以及扩大出口贸易，化解产能过剩；从供给侧角度化解产能过剩，关键在于调整和减少政府干预，完善社会主义经济的市场机制，让市场在资源配置中起决定性作用。完善经济运行的市场机制，就要求改革地方官员政绩考核与晋升选择制度，加快要素市场改革以消除要素市场扭曲，加快产业政策的调整优化和国有企业所有制改革等（张林，2016）。简而言之，适时调整政府干预范围和力度、回归市场主导的经济体制是供给侧结构性改革背景下防范和化解中国产能过剩的两个关键手段（范林凯、李晓萍、应珊珊，2015）。

三　市场化法治化化解产能过剩的长效机制

有效化解产能过剩矛盾是供给侧结构性改革的重要任务，是转变发展方式和推动新旧动能转换的必然要求。政策制定者和相关研究的学者对如何运用市场机制化解产能过剩尚不明晰，产能过剩治理实际中主要依靠行政干预的手段。市场机制化解产能过剩并不是简单放松管制，而是确保产能过剩的化解以企业为主体，充分发挥企业的主观能动性：一方面，产能压减对象、数量的确定以及压减方式的选择要去行政化，尊重和保护被压减对象的市场主体合法权益；另一方面，要激励企业根据市场环境通过内部驱动因素优化投资决策、技术更新升级决策以及创新决策，实现产能转化、技术更新升级以及企业创新转型等。发挥企业的主观能动性，充分利用市场机制化解产能过剩，就需要完善相应的法律法规支撑体系，例如，企业进入退出、兼并重组的法制建设（杨振，2013），资源税和环境污染税的法制建设，技术、安全、能耗以及环保等行业准入标准和监管标准的法制建设（钟春平、潘黎，2014）。也有学者指出化解产能过剩重点是处理好地方政府、中央政府以及市场之间的关系，要点是不断推进市场化改革、政府法治转型（王秋石、万远鹏，2016）。

市场化法治化化解产能过剩必须从完善法律法规支撑体系和政府监管体系出发，从而弥补市场机制的缺陷和规范行政执法。市场化表现为减少政府对企业行为的行政干预，充分发挥市场机制化解过剩产能。产能过剩治理的法治化建设纠正了市场机制的失灵，规范了政府的执法行为，为市场机制的正常运行提供了保障。产能过剩的法律法规支撑体系是特定的供求关系失衡及化解规律在法律上的反映，在制度层面上明确规定政府和企业的权利与义务，保障了企业主体的合法权益。在产能过剩的法律法规支撑体系中，无论是承认、受理、保护、奖励等方面的肯定后果，还是制裁、撤销、废除、不予认可等方面的否定后果都明确地加以确认。具体有以下三方面内容。一是要坚持市场化方向促进公平竞争。探索建立统一开放、竞争有序的行业市场体系，在推进企业兼并重组的过程中多用市场化手段，减少行政干预，加快推进企业管理制度的规范化。二是要完善产能监管和产能升级的法制建设。完善节能环保、退出机制、财税体系等方面的市场机制，强化行业准入、标准修订等方面的规范性，完善知识产权保护和创新激励机制，防止"山寨"企业常态化侵蚀正规企业的创新成果，挤压正规企业的产能利用。三是确立法治化理念，依法加强监管。以钢铁、煤炭等行业为代表的产能过剩行业在发展过程中，存在大量违法违规现象，比如环境污染、违法违规建设、超能力生产、不安全生产等，需要依法对其加强监管。

通过产能过剩治理的市场化和法治化建设，形成了新增产能的筛选机制、淘汰退出的竞争机制、技术升级的倒逼机制以及创新转型的激励机制，从产能进入、产能退出、产能升级和产能转化四个方面长效化解我国的产能过剩。具体而言，市场化法治化化解产能过剩的长效机制构建如图 8-1 所示。总之，应构建市场化法治化措施，鼓励企业投资优化和开展创新活动，从而实现供给体系质量提升的目标。

第三节　制造业产能共享机制分析

一　我国制造业产能共享机制的必要性分析

随着以云计算、物联网、大数据、人工智能、"互联网+"为代表的信息技术普及与突破式发展，全球制造业发展处于重塑发展理念、调整失衡结构、重构竞争优势和分工体系的关键时期。制造业和互联网技术的深度融合成为生产方式变革的重要方向，数字化制

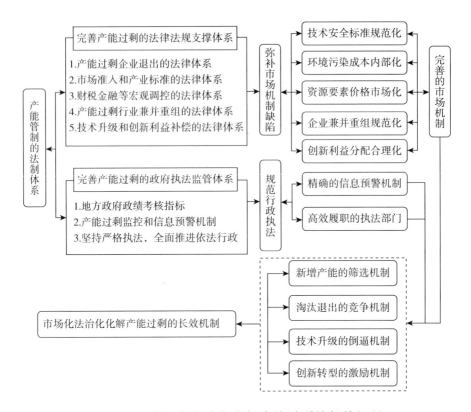

图 8 - 1　市场化法治化化解产能过剩的长效机制

造向智能化制造跨越为制造业的转型发展注入了强大动力。与此同时，我国制造业发展也处于结构转型升级、新旧动能持续转换的关键时期，互联网与制造业融合发展以催生新动能已经成为国家的重大战略目标。习近平总书记强调，世界经济加速向以网络信息技术产业为重要内容的经济活动转变，我们要把握这一历史契机，以信息化培育新动能，用新动能推动新发展。

如何充分利用互联网技术带动制造业发展、释放经济增长新动能是我国制造业提质增效的关键。面对新一轮工业革命发展机遇，美国、德国以及英国分别出台了《国家先进制造业战略计划》、《工业 4.0 战略》以及《工业 2050 战略》，西方发达国家围绕核心标准、技术、平台加速布局工业互联网和构建数字驱动的工业新生态。在新一轮产业技术革新冲击下，制造业国际竞争日趋激烈，我国是全球制造大国，正处于转型升级的重要阶段，必须把握这一重大机遇和迎接这一重大挑战。互联网技术和制造业融合，衍生了制造业产能共享的新业态、新模式，为我国制造业转型发展提供了新方向。推动互联网、大数据、人工智能和实体经济深度融合，在中高端消费、创新引领、绿色低碳、共享经济、现代供应链、人力资本服务等领域培育新增长点、形成新动能，是我国制造业今后发展的重要方向。制造业产能共享是我国深化互联网与制造业融合发展的重要内容，是利用互联网技术优化资源配置和提高制造业运行效率的重要措施，可以积极有效化解产能过剩。

二 我国制造业产能共享机制的发展分析

制造业产能共享是共享经济在制造业领域的延伸，主要指以互联网平台为基础，围绕制造生产过程的各个环节，整合和配置分散的制造资源和制造能力，充分提升制造业资源配置效率和生产效率的新型经济形态①。发展制造业产能共享，能够催生我国制造业增长新动能、重构供需结构、激发创新活力，是主动迎接全球新一轮科技革命和产业变革的战略选择，也是推进供给侧结构性改革的现实需要，更是制造业质量变革、效率变革、动力变革的必由之路。

随着云计算、大数据、"互联网＋"等信息技术的快速发展，共享经济在我国制造业的各领域逐步渗透，参与的制造业企业不断增加，一些传统制造业企业开始利用共享经济新模式探索和打造制造业生产的新生态。根据国家信息中心分享经济研究中心的估算，我

---

① 《中国制造业产能共享发展年度报告2018》，国家信息中心分享经济研究中心，2018。

国 2017 年制造业产能共享市场规模大约为 4120 亿元，增长速度为 25%，产能共享平台服务的企业数量超过 20 万家，其中大多数是中小微企业。虽然我国制造业产能共享发展迅速，但是相较于生活型服务业，共享经济与制造业的融合整体上处于导入期，发展还存在不足。如何探索制造业产能共享机制，充分利用产能资源、技术资源以及信息资源，是我国传统制造业、中小微企业转型的关键。2017 年，国家发改委正式启动了"共享经济示范平台"申报的工作，致力于围绕创新能力和生产能力两大领域打造一批共享经济示范平台，给制造业产能共享机制形成创造了良好的条件。

近几年，我国传统制造业出现了一大批产能共享平台，如海尔集团的"海创汇"，航天云网，美的集团的"美创平台"，中信重工、联想、小米等制造企业的"双创"平台，阿里云与富士康联手打造的"淘富成真"项目，阿里的淘工厂，生意帮等。我国共享经济正处于蓬勃发展时期，制造业领域蕴含着巨大的机遇，发挥制造业产能共享机制作用对构建产能过剩治理的长效机制具有重要意义。一方面，通过生产能力的共享可以提高传统企业对市场需求信息的把握水平，实现供需结构平衡，提高产业的产能利用率；另一方面，通过创新资源共享，能够提高企业的创新能力，推动企业转型升级，从而化解产能过剩。

第九章　主要结论与政策建议

第一节　主要结论

本书主要得到以下几方面的结论。

（1）我国制造业产能过剩的现状。2008 年金融危机以前，我国制造业的产能过剩具有一般性、局部性和周期性特征；2008 年金融危机之后，我国制造业的产能利用情况出现结构性变化，产能过剩问题的形势更为严峻，具有复杂性、全局性甚至长期性等特征。产能过剩已经演变成为我国各省域制造业各行业的全局性问题：一方面产能过剩有从传统行业向新兴行业、从局部行业向全部行业蔓延的趋势；另一方面产能过剩在省际存在联动效应和滞后效应，会在各地区之间蔓延。总体而言，新形势下的产能过剩问题更为复杂与严重，产能过剩治理的任务也更加艰巨。

（2）我国制造业产能过剩的成因。我国制造业产能过剩的成因可以分为三个层次：内外侧需求冲击是产能过剩的直接原因，过度投资和低效投资是产能过剩的形成渠道，政府干预下体制性扭曲是产能过剩的根源。行业和省际层面的实证结果表明，内外侧需求冲击、过度固定资产投资、体制性扭曲三个层次的因素共同推动中国制造业产能过剩危机爆发。此外，我国制造业的产能过剩具有显著路径依赖的"惯性"特征，产能过剩在治理过程中出现"久治不愈"和"日益严重"现象。

（3）创新驱动发展战略治理制造业产能过剩的效果。从行业和省际层面的实证结果发现，研发创新化解制造业产能过剩的作用机制尚未奏效。为此，本书采用微观数据进一步实证分析，在采用工具变量回归、倾向得分匹配法以及联立方程组克服内生性问题后的结果表明，企业实施研发创新活动可以显著提高企业的产能利用率，研发投入越多的企业面临的产能过剩问题越不严重。本书进一步将创新方式划分为自主创新、合作创新和模仿创新后研究发现，企业自主创新活动有利于持续、稳定地化解产能过剩，合作创新的效果次之，而模仿创新并不具有化解产能过剩的作用。我国制造业企业的自主创新能力不足，过度依赖模仿创新推动企业产品的更新升级和生产流程的改进是导致制造业研发创新化解产能过剩、企业产品创新和流程创新化解产能过剩的作用机制相对失效的原因。总而言之，企业具有应对产能过剩危机的主观能动性，可以通过研发创新缓解供求关系的结构性矛盾，但由于中国创新激励机制扭曲以及创新生态体系建设依然任重道远，研发创新化解产能过剩的机制尚未奏效。

（4）"走出去"战略治理制造业产能过剩的效果。省际面板数据实证研究表明，对外直接投资对省域层面的产能利用率有显著的正向影响，鼓励企业对外直接投资的"走出去"战略有利于化解我国制造业的产能过剩。本书进一步利用微观层面的数据，采用倾向得分匹配法和倍差法，克服样本选择偏差和遗漏变量产生的内生性问题后研究发现，企业开展对外直接投资活动后产能过剩指数出现显著下降，对外直接投资能够化解企业的产能过剩。从对外投资规模来看，企业对外直接投资的国家数目越多，产能过剩指数越低，增加企业对外投资国家的数目可以化解产能过剩。从对外直接投资的滞后影响来看，对外直接投资能够长期影响企业的产能过剩指数，作用大小为先上升后下降，呈现倒"U"形，对外直接投资可以作为中国产能过剩的长期治理对策。

（5）两大战略的作用效果在过剩行业和非过剩行业的异质性。在微观实证分析中我们还发现，在产能过剩行业，企业参与研发投入活动、对外直接投资活动对产能利用率的正向影响非常突出，即创新驱动发展战略和鼓励企业对外直接投资的"走出去"战略对我国制造业的产能过剩治理十分有利。但是，企业的研发投入、对外直接投资与产能过剩之间存在反向因果关系，即产能过剩越为严重的企业，参与研发创新活动和对外直接投资活动的意愿越低，如何激发产能过剩行业的企业积极开展研发创新活动和对外直接投资活动成为我国产能过剩治理面临的重大挑战。

（6）政府补贴的产业扶持政策、企业创新与战略性新兴产业的产能过剩。政府补贴与战略性新兴产业产能过剩的关系研究表明，政府补贴的产业扶持政策对产能过剩有两方面的影响：一方面，政府补贴作为政府干预的方式会扭曲企业的投资结构偏向，加速低技术含量的产能扩张，从而降低企业的产能利用率；另一方面，政府补贴会增加企业的研发投入和提高技术创新水平，而研发创新能力的提高能够显著提高企业的产能利用率。从政府补贴的类型来看，政府科技补贴的比例越高，政府补贴对企业创新和企业产能利用率的正向影响越突出，研发专用性的政府补贴或者扶持政策对战略性新兴产业的长期健康发展就越有利。

第二节 政策建议

本书的研究结论具有以下政策含义。

第一，要科学面对我国制造业产能过剩的现状，转变产能过剩治理的思路。近几年来，政府连续采取了一系列严格措施治理产能过剩，但是，政府同时出台了大量应对经济危机的干预政策，削弱了市场优胜劣汰机制和产能过剩治理措施的实施效果，产能利用率出现了持续下降的复杂局面。我国制造业新一轮产能过剩治理的核心是破除制造业自主创新能力不足的现状，促进制造业内部的结构升级。同时要把握第四次工业技术革命、全球产业结构再调整的机遇，鼓励企业实施全球产业的战略布局，提升我国制造业的国际分工地位。此外，创新驱动发展战略和"走出去"战略的实施，对我国制造业的长期健康发展非常有利，并且不会带来经济增长、就业以及人员安置的负担，可以将去产能改革的不利影响降至最低程度，实现"稳定方式"去产能。

第二，坚持实施创新驱动发展战略，提升我国制造业的创新能力，让我国制造业实现原始创新驱动的内生增长。具体来说如下。①完善知识产权保护机制和健全制造业的创新激励体系，保障创新主体享受技术创新成果和收益，提高创新主体创新成功的收益。②集中国家研发力量，攻克关乎制造业竞争力整体提升且具有较强带动性的关键核心技术，突破发达国家的核心技术垄断，抢占制造业发展的制高点。③强化企业的创新主体地位，激发企业的创新活力，鼓励企业强化自主品牌产品或服务的供给创新，充分利用企业资源进行制造业技术革命。④鼓励产学研合作创新，构建企业主导、产学研用紧密结合的制造业技术创新联盟，实现先进科技成果引领制造业研发能力提升。

第三，优化政策制度安排和激励机制设计，鼓励产能过剩行业的企业积极参与创新活动。产能过剩行业的研发创新活动消除产能过剩的作用更为突出，但是，低产能利用率的企业并不愿意承担研发投资的风险，缺乏创新会加剧企业产品与市场需求脱节，恶化产品供求关系的结构性矛盾，降低企业的盈利能力，造成企业产能利用率持续下降的后果。政府应该通过特殊的政策制度安排和激励机制设计，降低产能过剩企业开展研发创新活动的风险，激发产能过剩企业开展创新活动。当然，我们应区分对待不同类型的产能过剩企业，对技术落后产能、污染严重的过剩企业坚决淘汰；对技术先进和人才集聚的亏损企业，要联合金融或其他产业投资重组，为企业的研发投资活动提供融资支持，助力企业产能进一步升级。

第四，继续坚持"走出去"战略，尤其要鼓励产能过剩行业的企业大力发展对外直接投资。具体来说：①把握全球产业格局再调整的机遇，以"一带一路"倡议为契机，深化与沿线国家的产业合作，通过优化产业结构实现产能过剩治理；②为过剩产能向海外转移创造良好的内外部环境，鼓励产能过剩行业大力发展对外直接投资，通过国际产能合作方式化解国内过剩产能；③应该毫不动摇地长期坚持"走出去"战略，增强企业实施国际化战略的信心，充分发挥对外直接投资化解产能过剩的长期效果；④提高对外直接投资区位选择的多元化，加强与不同国家的合作交流，以国际市场多元化的方式降低去产能的难度。

第五，提高政府补贴等产业扶持政策的科学性和合理性，降低产业扶持政策对战略性新兴产业发展的不当干预。新兴产业研发创新风险大、市场需求不确定性强以及市场主体尚未发育成熟等特点，决定了新兴产业的发展离不开政府的产业扶持政策，而充分发挥产业政策的积极效果则成为政府扶持战略性新兴产业发展的工作核心。具体来说：①纠正政府补助朝低端产能扩张的传统模式，提高战略性新兴产业研发专用性补助的比例，激发企业参与研发创新活动的动机；②完善政府补助资金监管制度、成果奖励和保护机制，充分发挥政府补助的积极效果，避免地方政府和企业合谋，造成市场秩序紊乱。

参考文献

[1] 白让让：《竞争驱动、政策干预与产能扩张——兼论"潮涌现象"的微观机制》，《经济研究》2016 年第 11 期。

[2] 包斯文：《上海钢贸企业创新钢贸流通模式应对产能过剩挑战》，《中国冶金报》2010 年 5 月 11 日。

[3] 曹秋菊：《对外直接投资与产能过剩化解》，《求索》2016 年第 6 期。

[4] 陈继勇、蒋艳萍、王保双：《中国与"一带一路"沿线国家的贸易竞争性研究：基于产品域和市场域的双重视角》，《世界经济研究》2017 年第 8 期。

[5] 陈诗一：《中国工业分行业统计数据估算：1980—2008》，《经济学》2011 年第 3 期。

[6] 程俊杰：《基于产业政策视角的中国产能过剩发生机制研究——来自制造业的经验证据》，《财经科学》2016 年第 5 期。

[7] 程俊杰：《中国转型时期产业政策与产能过剩——基于制造业面板数据的实证研究》，《财经研究》2015 年第 8 期（a）。

[8] 程俊杰：《转型时期中国地区产能过剩测度——基于协整法和随机前沿生产函数法的比较分析》，《经济理论与经济管理》2015 年第 4 期（b）。

[9] 董敏杰、梁泳梅、张其仔：《中国工业产能利用率：行业比较、

地区差距及影响因素》，《经济研究》2015 年第 1 期。

[10] 杜威剑、李梦洁：《对外直接投资会提高企业出口产品质量吗——基于倾向得分匹配的变权估计》，《国际贸易问题》2015 年第 8 期。

[11] 范林凯、李晓萍、应珊珊：《渐进式改革背景下产能过剩的现实基础与形成机理》，《中国工业经济》2015 年第 1 期。

[12] 冯梅、陈鹏：《中国钢铁产业产能过剩程度的量化分析与预警》，《中国软科学》2013 年第 5 期。

[13] 干春晖、邹俊、王健：《地方官员任期、企业资源获取与产能过剩》，《新产经》2015 年第 6 期。

[14] 高越青：《"中国式"产能过剩问题研究》，东北财经大学博士学位论文，2015。

[15] 戈清平：《风电产能过剩 亟待自主创新》，《中国高新技术产业导报》2009 年 9 月 21 日。

[16] 郭长林：《财政政策扩张、纵向产业结构与中国产能利用率》，《管理世界》2016 年第 10 期。

[17] 郭庆旺、贾俊雪：《中国潜在产出与产出缺口的估算》，《经济研究》2004 年第 5 期。

[18] 〔美〕郭申阳、〔美〕马克·W. 弗雷泽：《倾向值分析》，郭志刚、巫锡炜译，重庆大学出版社，2012。

[19] 国家行政学院经济学教研部课题组：《产能过剩治理研究》，《经济研究参考》2014 年第 14 期。

[20] 国务院发展研究中心《进一步化解产能过剩的政策研究》课题组、赵昌文、许召元、袁东、廖博：《当前我国产能过剩的特征、风险及对策研究——基于实地调研及微观数据的分析》，《管理世界》2015 年第 4 期。

［21］韩国高：《我国工业产能过剩的测度、预警及对经济影响的实证研究》，东北财经大学博士学位论文，2012。

［22］韩国高等：《中国制造业产能过剩的测度、波动及成因研究》，《经济研究》2011 年第 12 期。

［23］何彬：《基于窖藏行为的产能过剩形成机理及其波动性特征研究》，吉林大学博士学位论文，2008。

［24］何彬、范硕：《国有企业投资、需求波动及产能利用率关联性分析——基于 PVAR 模型》，《经济问题》2013 年第 9 期。

［25］何蕾：《中国工业行业产能利用率测度研究——基于面板协整的方法》，《产业经济研究》2015 年第 2 期。

［26］贾润崧、胡秋阳：《市场集中、空间集聚与中国制造业产能利用率——基于微观企业数据的实证研究》，《管理世界》2016 年第 12 期。

［27］江飞涛、曹建海：《市场失灵还是体制扭曲——重复建设形成机理研究中的争论、缺陷与新进展》，《中国工业经济》2009 年第 1 期。

［28］江飞涛等：《地区竞争、体制扭曲与产能过剩的形成机理》，《中国工业经济》2012 年第 6 期。

［29］蒋冠宏、蒋殿春：《中国工业企业对外直接投资与企业生产率进步》，《世界经济》2014 年第 9 期。

［30］蒋冠宏、蒋殿春：《中国企业对外直接投资的"出口效应"》，《经济研究》2014 年第 5 期。

［31］李磊、包群：《融资约束制约了中国工业企业的对外直接投资吗》，《财经研究》2015 年第 6 期。

［32］李小平、朱钟棣：《中国工业行业的全要素生产率测算——基于分行业面板数据的研究》，《管理世界》2005 年第 4 期。

[33] 李晓华：《后危机时代我国产能过剩研究》，《财经问题研究》2013 年第 6 期。

[34] 李扬：《2016 年中国经济前景分析》，社会科学文献出版社，2016。

[35] 林毅夫：《潮涌现象与发展中国家宏观经济理论的重新构建》，《经济研究》2007 年第 1 期。

[36] 林毅夫、巫和懋、邢亦青：《"潮涌现象"与产能过剩的形成机制》，《经济研究》2010 年第 10 期。

[37] 刘航、李平、杨丹辉：《出口波动与制造业产能过剩——对产能过剩外需侧成因的检验》，《财贸经济》2016 年第 5 期。

[38] 刘航、孙早：《产能利用不足发生机制的国内外研究述评》，《经济社会体制比较》2016 年第 3 期。

[39] 刘建江、罗双成、凌四立：《化解产能过剩的国际经验及启示》，《经济纵横》2015 年第 6 期。

[40] 刘树成：《民间投资增速严重下滑与宏观经济波动》，《中国工业经济》2016 年第 11 期。

[41] 卢锋：《治理产能过剩问题：1999－2009》，载《北京大学国家发展研究院会议论文集》，2009。

[42] 鲁保林、陆茸：《我国当前产能过剩五论》，《财经科学》2016 年第 10 期。

[43] 罗美娟、郭平：《政策不确定性是否降低了产能利用率——基于世界银行中国企业调查数据的分析》，《当代财经》2016 年第 7 期。

[44] 罗勇、刘锦华：《中国省域市场一体化影响因素研究——基于 3D 框架视角》，《软科学》2016 年第 8 期。

[45] 毛其淋、许家云：《中国企业对外直接投资是否促进了企业创新》，《世界经济》2014 年第 8 期。

［46］ 倪中新、卢星、薛文骏：《"一带一路"战略能够化解我国过剩的钢铁产能吗——基于时变参数向量自回归模型平均的预测》，《国际贸易问题》2016年第3期。

［47］ 聂飞、刘海云：《中国对外直接投资与国内制造业转移——基于动态空间杜宾模型的实证研究》，《经济学家》2015年第7期。

［48］ 潘爱民、刘友金、向国成：《产业转型升级与产能过剩治理研究——"中国工业经济学会2014年年会"学术观点综述》，《中国工业经济》2015年第1期。

［49］ 潘文轩：《化解过剩产能引发负面冲击的总体思路与对策框架》，《财经科学》2016年第5期。

［50］ 邱斌等：《"'一带一路'背景下的国际产能合作：理论创新与政策研究"学术研讨会综述》，《经济研究》2016年第5期。

［51］ 曲玥：《中国工业产能利用率——基于企业数据的测算》，《经济与管理评论》2015年第1期。

［52］ 沈坤荣、钦晓双、孙成浩：《中国产能过剩的成因与测度》，《产业经济评论》2012年第4期。

［53］ 孙璞、尹小平：《政府科技补贴能通过企业科技创新改善产能过剩吗？——基于新能源产业与汽车产业对比研究》，《华东经济管理》2016年第10期。

［54］ 孙巍、何彬、武治国：《现阶段工业产能过剩"窖藏效应"的数理分析及其实证检验》，《吉林大学社会科学学报》2008年第1期。

［55］ 孙焱林、温湖炜：《我国制造业产能过剩问题研究》，《统计研究》2017年第3期。

［56］ 孙焱林、温湖炜、周凤秀：《省域异质性视角下中国能源绩效的测算与分析》，《干旱区资源与环境》2016年第12期。

[57] 王辉、张月友：《战略性新兴产业存在产能过剩吗？——以中国光伏产业为例》，《产业经济研究》2015 年第 1 期。

[58] 王立国、高越青：《基于技术进步视角的产能过剩问题研究》，《财经问题研究》2012 年第 2 期。

[59] 王立国、赵琳、高越青：《谨防风电设备、多晶硅行业性产能过剩的风险》，《宏观经济研究》2011 年第 5 期。

[60] 王裒：《中国产能过剩问题研究》，东北财经大学博士学位论文，2015。

[61] 王秋石、万远鹏：《"中国式"产能过剩的形成及其化解》，《江西社会科学》2016 年第 5 期。

[62] 王文甫、明娟、岳超云：《企业规模、地方政府干预与产能过剩》，《管理世界》2014 年第 10 期。

[63] 〔美〕威廉·鲍莫尔：《资本主义的增长奇迹》，彭敬等译，中信出版社，2004。

[64] 温湖炜：《研发投入、创新方式与产能过剩——来自制造业的实证依据》，《南京财经大学学报》2017 年第 4 期。

[65] 温湖炜：《中国企业对外直接投资能缓解产能过剩吗——基于中国工业企业数据库的实证研究》，《国际贸易问题》2017 年第 4 期。

[66] 吴春雅、吴照云：《政府补贴、过度投资与新能源产能过剩——以光伏和风能上市企业为例》，《云南社会科学》2015 年第 2 期。

[67] 吴言林、白彦、尹哲：《经济周期、信贷扩张与政府逆周期宏观调控效果研究》，《广东社会科学》2013 年第 1 期。

[68] 夏晓华、史宇鹏、尹志锋：《产能过剩与企业多维创新能力》，《经济管理》2016 年第 10 期。

[69] 项本武：《对外直接投资对国内投资的影响——基于中国数据

的协整分析》，《中南财经政法大学学报》2007 年第 5 期。

［70］肖慧敏、刘辉煌：《中国对外直接投资提升了企业效率吗》，《财贸经济》2014 年第 5 期。

［71］徐朝阳、周念利：《市场结构内生变迁与产能过剩治理》，《经济研究》2015 年第 2 期。

［72］杨其静、吴海军：《产能过剩、中央管制与地方政府反应》，《世界经济》2016 年第 11 期。

［73］杨洋、魏江、罗来军：《谁在利用政府补贴进行创新？——所有制和要素市场扭曲的联合调节效应》，《管理世界》2015 年第 1 期。

［74］杨振：《激励扭曲视角下的产能过剩形成机制及其治理研究》，《经济学家》2013 年第 10 期。

［75］杨振兵：《对外直接投资、市场分割与产能过剩治理》，《国际贸易问题》2015 年第 11 期。

［76］杨振兵：《有偏技术进步视角下中国工业产能过剩的影响因素分析》，《数量经济技术经济研究》2016 年第 8 期。

［77］杨振兵、张诚：《中国工业部门产能过剩的测度与影响因素分析》，《南开经济研究》2015 年第 6 期。

［78］于立、张杰：《中国产能过剩的根本成因与出路：非市场因素及其三步走战略》，《改革》2014 年第 2 期。

［79］余东华、吕逸楠：《政府不当干预与战略性新兴产业产能过剩——以中国光伏产业为例》，《中国工业经济》2015 年第 10 期。

［80］余官胜、杨文：《我国企业对外直接投资是促进还是挤出国内投资——影响机理与实证检验》，《国际商务》（对外经济贸易大学学报）2014 年第 6 期。

［81］余淼杰、崔晓敏：《中国的产能过剩及其衡量方法》，《学术月

刊》2016 年第 12 期。

[82]〔美〕张伯伦:《垄断竞争理论》,周文译,华夏出版社,2013。

[83] 张峰、黄玖立、王睿:《政府管制、非正规部门与企业创新:来自制造业的实证依据》,《管理世界》2016 年第 2 期。

[84] 张国胜、刘政:《属地经营、省际市场扩张与产能过剩治理》,《财贸经济》2016 年第 12 期。

[85] 张林:《中国式产能过剩问题研究综述》,《经济学动态》2016 年第 9 期。

[86] 张龙鹏、蒋为:《政企关系是否影响了中国制造业企业的产能利用率?》,《产业经济研究》2015 年第 6 期。

[87] 张倩肖、董瀛飞:《渐进工艺创新、产能建设周期与产能过剩——基于"新熊彼特"演化模型的模拟分析》,《经济学家》2014 年第 8 期。

[88] 张少华、蒋伟杰:《中国的产能过剩:程度测算与行业分布》,《经济研究》2017 年第 1 期。

[89] 张占斌、张孝德:《产能过剩治理研究》,《经济研究参考》2014 年第 14 期。

[90] 赵宝福、黄振国:《中国煤炭产业产能利用率估算与演变特征研究》,《统计与信息论坛》2014 年第 9 期。

[91] 赵昌文等:《当前我国产能过剩的特征、风险及对策研究——基于实地调研及微观数据的分析》,《管理世界》2015 年第 4 期。

[92] 郑文、张建华:《进出口贸易"挤出"了中国企业的 R&D 投资吗》,《国际经贸探索》2012 年第 11 期。

[93] 钟春平、潘黎:《"产能过剩"的误区——产能利用率及产能过剩的进展、争议及现实判断》,《经济学动态》2014 年第

3 期。

［94］ 钟洪亮：《我国产能过剩治理研究》，福建师范大学博士学位论文，2015。

［95］ 周劲、付保宗：《产能过剩的内涵、评价体系及在我国工业领域的表现特征》，《经济学动态》2011 年第 10 期。

［96］ 周瑞辉、廖涵：《国有产权、体制扭曲与产能利用——基于中国 1998~2007 年制造业行业的面板分析》，《山西财经大学学报》2015 年第 1 期。

［97］ 周亚虹等：《政府扶持与新型产业发展——以新能源为例》，《经济研究》2015 年第 6 期。

［98］ Ahiakpor F., Asmah E. E., Andoh F. K., "Firm Capacity Utilization in Ghana: Does Foreign Ownership Matter?" *Developing Country Studies*, 2014.

［99］ Ahmed M. I., Cassou S. P., "Threshold Cointegration between Inflation and US Capacity Utilization," *Applied Economics*, 2016.

［100］ Aigner D., Lovell C. A. K., Schmidt P., "Formulation and Estimation of Stochastic Frontier Production Function Models," *European Journal of Clinical Pharmacology*, 6 (1), 1977.

［101］ Akpan B., "Analysis of Economic Capacity Utilization in the Nigerian Sugar Industry (1970 – 2010)," *Journal of Development & Agricultural Economics*, 5 (6), 2013.

［102］ Almus M., Czarnitzki D., "The Effects of Public R&D Subsidies on Firms' Innovation Activities: The Case of Eastern Germany," *Journal of Business & Economic Statistics*, 21 (2), 2003.

［103］ Alvarez, Antonio, Corral D. et al., "Modeling Regional Heterogeneity with Panel Data: Application to Spanish Provinces," *Effi-*

ciency, 2006.

[104] Anselin L. , Florax R. J. G. M. , Rey S. J. , *Econometrics for Spatial Models: Recent Advances* (Berlin: Springer Berlin Heidelberg, 2004).

[105] Bansak C. , Morin N. , Starr M. , "Technology, Capital Spending, and Capacity Utilization," *Board of Governors of the Federal Reserve System*, 2007.

[106] Barde B. E. , Adamu A. , "Foreign Direct Investment and the Performance of Manufacturing Firms in Nigeria," *Research in Accounting in Emerging Economies*, (12), 2012.

[107] Battese G. E. , Coelli T. J. , "A Model for Technical Inefficiency Effects in a Stochastic Frontier Production Function for Panel Data," *Empirical Economics*, 20 (2), 1995.

[108] Battese G. E. , Coelli T. J. , "Frontier Production Functions, Technical Efficiency and Panel Data: With Application to Paddy Farmers in India," *Journal of Productivity Analysis*, 3 (1), 1992.

[109] Becheikh N. , Landry R. , Amara N. , " Lessons from Innovation Empirical Studies in the Manufacturing Sector: A Systematic Review of the Literature from 1993 – 2003," *Technovation*, 26 (5), 2006.

[110] Bellone F. , Musso P. , Nesta L. et al. , "Financial Constraints and Firm Export Behaviour," *World Economy*, 33 (33), 2008.

[111] Belotti F. , Ilardi G. , *Consistent Inference in Fixed-Effects Stochastic Frontier Models*, Social Science Electronic Publishing, 2014.

[112] Berndt E. R. , Fuss M. A. , "Productivity Measurement with Adjustments for Variations in Capacity Utilization and Other Forms of

Temporary Equilibrium," *Journal of Econometrics*, 33 (s1 – 2）, 1986.

[113] Berndt E. R., Morrison C. J., "Capacity Utilization Measures: Underlying Economic Theory and an Alternative Approach," *American Economic Review*, 71 (2), 1981.

[114] Blinder A. S. "Inventories and Sticky Prices: More on the Micro Foundations of Macro Economics," *American Economic Review*, 72 (3), 1982.

[115] Brealey R., Leland H. E., Pyle D. H., "Informational Asymmetries, Financial Structure and Financial Intermediation," *The Journal of Finance*, 32 (2), 1977.

[116] Calantone R. J., Chan K., Cui A. S., "Decomposing Product Innovativeness and Its Effects on New Product Success," *Journal of Product Innovation Management*, 23 (5), 2006.

[117] Case A. C., Rosen H. S., Hines J. R., "Budget Spillovers and Fiscal Policy Interdependence : Evidence from the States," *Journal of Public Economics*, 52 (3), 1993.

[118] Chamberlin E., "The Theory of Monopolistic Competition: A Re-orientation of the Theory of Value," *Harvard Economic Studies*, 1933.

[119] Chen Y. Y. , Schmidt P., Wang H. J., "Consistent Estimation of the Fixed Effects Stochastic Frontier Model," *Journal of Econometrics*, 181 (2), 2014.

[120] Chen Y. Y., Schmidt P., Wang H. J., "Consistent Estimation of the Fixed Effects Stochastic Frontier Model," *Journal of Econometrics*, 181 (2), 2014.

[121] Christiano L. J., " A Survey of Measures of Capacity Utiliza-

tion," *IMF Economic Review*, 28 (1), 1981.

[122] Coelli T. , Grifell-Tatjé E. , Perelman S. , "Capacity Utilisation and Profitability: A Decomposition of Short-run Profit Efficiency," *International Journal of Production Economics*, 79 (3), 2002.

[123] Copeland M. A. , "On the Measurement of Capacity Utilization: Comment," *American Economic Review*, 58 (1), 1968.

[124] Corrado C. , Mattey J. , "Capacity Utilization," *The Journal of Economic Perspectives*, 11, 1997.

[125] Crotty J. , "Why There is Chronic Excess Capacity," *Challenge*, 45 (6), 2002.

[126] Dagdeviren H. , "Structural Constraints and Excess Capacity: An International Comparison of Manufacturing Firms," *Development Policy Review*, 34 (5), 2016.

[127] Demsetz H. , "The Nature of Equilibrium in Monopolistic Competition," *Journal of Political Economy*, 67 (1), 1959.

[128] Driver C. , "Capacity Utilisation and Excess Capacity: Theory, Evidence, and Policy," *Review of Industrial Organization*, 16 (1), 2000.

[129] Elhorst J. P. , *Spatial Panel Data Models* (Berlin: Springer Berlin Heidelberg, 2010).

[130] Elhorst J. P. , "Specification and Estimation of Spatial Panel Data Models," *International Regional Science Review*, 26 (3), 2003.

[131] Erturk K. A. , "Overcapacity and the East Asian Crisis," *Journal of Post Keynesian Economics*, 24 (2), 2002.

[132] Escobari D. , Lee J. , "Demand Uncertainty and Capacity Utilization in Airlines," *Empirical Economics*, 47 (1), 2014.

［133］ Feldman M. P. , Kelley M. R. , "The Exante, Assessment of Knowledge Spillovers: Government R&D Policy, Economic Incentives and Private Firm Behavior," *Research Policy*, 35 (10), 2006.

［134］ Felthoven R. G. , Horrace W. C. , Schnier K. E. , "Estimating Heterogeneous Capacity and Capacity Utilization in a Multi-species Fishery," *Journal of Productivity Analysis*, 32 (3), 2009.

［135］ Fisman R. , Svensson J. , "Are Corruption and Taxation Really Harmful to Growth? Firm Level Evidence," *Journal of Development Economics*, 83 (1), 2007.

［136］ Gong G. , "Product Innovation and Irregular Growth Cycles with Excess Capacity," *Metroeconomica*, 52 (4), 2001.

［137］ González X. , Pazó C. , "Do Public Subsidies Stimulate Private R&D Spending?" *Research Policy*, 37 (3), 2008.

［138］ Gordon R. J. , "Comments (on Matthew Shapiro), Assessing the Federal Reserve's Measures of Capacity Utilization," *Brookings Papers on Economic Activity* , 1989.

［139］ Gorodnichenko Y. , Schnitzer M. , "Financial Constraints and Innovation: Why Poor Countries Don't Catch up," *Journal of the European Economic Association*, 11 (5), 2013.

［140］ Greene W. , "Fixed and Random Effects in Stochastic Frontier Models," *Journal of Productivity Analysis*, 23 (1), 2004.

［141］ Greene W. , "Reconsidering Heterogeneity in Panel Data Estimators of the Stochastic Frontier Model," *Journal of Econometrics*, 126 (2), 2005.

［142］ Guan Z. , Kumbhakar S. C. , Myers R. J. et al. , "Measuring Excess Capital Capacity in Agricultural Production," *American Journal of Agricultural Economics*, 91 (3), 2009.

[143] Helpman E. , Yeaple S. R. , "Export Versus FDI with Heterogeneous Firms," *American Economic Review*, 94 (1), 2004.

[144] Hijzen A. , Jean S. , Mayer T. , "The Effects at Home of Initiating Production abroad: Evidence from Matched French Firms," *Review of World Economics*, 147 (3), 2011.

[145] Hulten C. R. , "Productivity Change, Capacity Utilization, and the Sources of Efficiency Growth," *Journal of Econometrics*, 33 (1 – 2), 1986.

[146] Hussinger K. , "R&D and Subsidies at the Firm Level: An Application of Parametric and Semiparametric Two-Step Selection Models," *Journal of Applied Econometrics*, 23 (6), 2008.

[147] Igbinedion S. O. , Ogbeide F. I. , "Monetary Policy and Manufacturing Capacity Utilization: Further Evidence from Nigeria," *South-Eastern Europe Journal of Economics*, 14, 2016.

[148] Ishii Jun, "Useful Excess Capacity? An Empirical Study of US Oil & Gas Drilling," *Working Paper*, 2011.

[149] Kalyuzhnova Y. , Vagliasindi M. , "Capacity Utilization of the Kazakhstani Firms and the Russian Financial Crisis: A Panel Data Analysis," *Economic Systems*, 30 (3), 2006.

[150] Kim H. Y. , "Economic Capacity Utilization and Its Determinants: Theory and Evidence," *Review of Industrial Organization*, 15 (4), 1999.

[151] Kirkley J. , Paul C. J. M. , Squires D. , "Capacity and Capacity Utilization in Common-pool Resource Industries," *Environmental and Resource Economics*, 22 (1), 2002.

[152] Kirkley J. , Paul C. J. M. , Squires D. , "Deterministic and Stochastic Capacity Estimation for Fishery Capacity Reduction," *Marine Resource Economics*, 19 (3), 2004.

[153] Kleer R. , "Government R&D Subsidies as a Signal for Private Investors," *Research Policy*, 39, 2010.

[154] Klein L. R. , Perry G. , "Capacity Utilization: Concept, Measurement, and Recent Estimates," *Brookings Papers on Economic Activity*, 4 (3), 1973.

[155] Klein L. R. , "Some Theoretical Issues in the Measurement of Capacity," *Econometrica*, 28 (2), 1960.

[156] Klein, L. R. , Preston R. S, "Some New Results in the Measurement of Capacity Utilization," *The American Economic Review*, 57 (1), 1967.

[157] Knight J. , Wang W. , "China's Macroeconomic Imbalances: Causes and Consequences," *World Economy*, 34 (9), 2011.

[158] Kogut B. , Chang S. J. , "Technological Capabilities and Japanese Foreign Direct Investment in the United States," *Review of Economics & Statistics*, 73 (3), 1991.

[159] Kumbhakar S. C. , Lien G. , Hardaker J. B. , "Technical Efficiency in Competing Panel Data Models: A Study of Norwegian Grain Farming," *Journal of Productivity Analysis*, 41 (2), 2012.

[160] Lall S. , Chen E. , "The New Multinationals: The Spread of Third World Enterprises," *New Multinationals Spanish Firms in a Global Context*, 1983.

[161] Malhotra D. , "Measures of Capacity Utilization and Its Determinants: A Study of Indian Manufacturing," *Applied Economics*, 39

(6)，2007.

[162] Massis A. D. , Frattini F. , Kotlar J. et al. , "Innovation through Tradition: Lessons from Innovative Family Businesses and Directions for Future Research," *Academy of Management Executive*, 30（1）, 2016.

[163] Michaillat P. , Saez E. , "Aggregate Demand, Idle Time and Unemployment," *Quarterly Journal of Economics*, 2015.

[164] Morrison C. J. , "Primal and Dual Capacity Utilization: An Application to Productivity Measurement in the US Automobile Industry," *Journal of Business & Economic Statistics*, 3（4）, 1985.

[165] Morrison, C. J. , "On the Economic Interpretation and Measurement of Optimal Capacity Utilization with Anticipatory Expectations," *The Review of Economic Studies*, 52（2）, 1985.

[166] Murphy D. , "Excess Capacity in a Fixed-Cost Economy," *European Economic Review*, 2017.

[167] Nahuis, N. J. , "An Alternative Demand Indicator: The Non-Accelerating Inflation Rate of Capacity Utilization," *Applied Economics*, 35, 2003.

[168] Nelson R. A. , "On the Measurement of Capacity Utilization," *Journal of Industrial Economics*, 37（3）, 1989.

[169] Niizeki T. , "Capacity Utilization and the Effects of Energy Price Increases in Japan," *B E Journal of Macroeconomics*, 14（1）, 2014.

[170] Ogawa H. , Nishimori A. , "Do Firms Always Choose Excess Capacity？" *Economics Bulletin*, 12（2）, 2004.

[171] Parmeter C. F. , "Efficiency Analysis: A Primer on Recent Advances," *Foundations & Trends in Econometricsv*, 7（3-4）, 2014.

[172] Paul C. J. M. , *The Short Run, Capital, and Capacity Utilization, Cost Structure and the Measurement of Economic Performance* (U. S. : Springer, 1999).

[173] Phillips A. , "An Appraisal of Measures of Capacity," *American Economie Review*, 1963.

[174] Pindyck R. S. , "Irreversible Investment, Capacity Choice, and the Value of the Firm," *American Economic Review*, 78 (5), 1988.

[175] Rosenbaum P. R. , Rubin D. B. , "The Central Role of the Propensity Score in Observational Studies for Causal Effects," *Biometrika*, 70 (70), 1983.

[176] Sahoo B. K. , Tone K. , "Decomposing Capacity Utilization in Data Envelopment Analysis: An Application to Banks in India," *European Journal of Operational Research*, 195 (2), 2009.

[177] Shaikh A. M. , Moudud J. K. , "Measuring Capacity Utilization in OECD Countries: A Cointegration Method by," *Economics Working Paper Archive*, 2004.

[178] Smithies A. , "Economic Fluctuations and Growth," *Econometrica*, 25 (1), 1957.

[179] Smolny W. , "Determinants of Innovation Behaviour and Investment Estimates for West-german Manufacturing Firms," *Economics of Innovation & New Technology*, 12 (5), 2003.

[180] Stock J. H. , Watson M. W. , "Forecasting Inflation," *Journal of Monetary Economics*, 1999.

[181] Styhre L. , "Strategies for Capacity Utilisation in Short Sea Shipping," *Maritime Economics & Logistics*, 11 (4), 2009.

[182] Tian X. L. , "Participation in Export and Chinese Firms' Capacity

Utilization," *Journal of International Trade & Economic Development An International & Comparative Review*, 25 (5), 2016.

[183] Wang H. J., Ho C. W., "Estimating Fixed-effect Panel Stochastic Frontier Models by Model Transformation," *Journal of Econometrics*, 157 (2), 2010.

[184] Wu W. M., "Capacity Utilization and Its Determinants for a Container Shipping Line: Theory and Evidence," *Applied Economics*, 44 (27), 2012.

[185] Yu J., Jong R. D., Lee L. F., "Quasi-Maximum Likelihood Estimators for Spatial Dynamic Panel Data with Fixed Effects When both N and T are Large," *Journal of Econometrics*, 146 (1), 2008.

[186] Zhang Y., Zhang M., Liu Y. et al., "Enterprise Investment, Local Government Intervention and Coal Overcapacity: The Case of China," *Energy Policy*, 101, 2017.

附 录

附录 1 《国民经济行业分类》（GB/T 4754—2011）制造业分类

大类	名称	简称
13	农副食品加工业	食品加工
14	食品制造业	食品制造
15	酒、饮料和精制茶制造业	饮料制造
16	烟草制品业	烟草加工
17	纺织业	纺织业
18	纺织服装、服饰业	服装业
19	皮革、毛皮、羽毛及其制品和制鞋业	皮羽制业
20	木材加工和木、竹、藤、棕、草制品业	木材加工
21	家具制造业	家具制造
22	造纸和纸制品业	造纸业
23	印刷和记录媒介复制业	印刷业
24	文教、工美、体育和娱乐用品制造业	文体用品
25	石油加工、炼焦和核燃料加工业	—
26	化学原料和化学制品制造业	化学原料制品
27	医药制造业	医药制造
28	化学纤维制造业	化纤制造

续表

大类	名称	简称
29	橡胶和塑料制品业	橡胶制品/塑料制品
30	非金属矿物制品业	非金属制品
31	黑色金属冶炼和压延加工业	黑色金属工业
32	有色金属冶炼和压延加工业	有色金属加工
33	金属制品业	金属制品
34	通用设备制造业	通用设备制造
35	专用设备制造业	专用设备制造
36	汽车制造业	—
37	铁路、船舶、航空航天和其他运输设备制造业	—
38	电气机械和器材制造业	电气机械制造
39	计算机、通信和其他电子设备制造业	
40	仪器仪表制造业	仪器仪表制造
41	其他制造业	—
42	废弃资源综合利用业	

注：第三列为书中第四章制造业各行业的简称。

附录2　2013年以来全国工业季度产能利用率

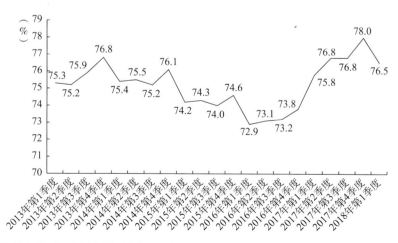

资料来源：根据国家统计局数据整理得到。

附录3 2018年第一季度全国各行业
产能利用率情况

单位：%，百分点

行业	第一季度	
	产能利用率	比上年同期增减
工业	76.5	0.7
采矿业	73.1	3.4
制造业	77	0.7
电力、热力、燃气及水生产和供应	72.7	1.1
煤炭开采和洗选业	71.2	5.8
石油和天然气开采业	85.6	−3.7
食品制造业	76.1	2.1
纺织业	80.7	0.8
化学原料和化学制品制造业	75.9	−0.5
医药制造业	79.6	1.7
化学纤维制造业	81.5	−0.2
非金属矿物制品业	69.8	1.3
黑色金属冶炼和压延加工业	76.9	3.2
有色金属冶炼和压延加工业	79.8	2.2
通用设备制造业	80	3.6
专用设备制造业	79.7	5.5
汽车制造业	80.7	−1.3
电气机械和器材制造业	78.5	0.3
计算机、通信等电子设备制造业	77.6	−0.4

资料来源：国家统计局。

附录 4　2012~2014 年我国制造业分行业产能利用率情况

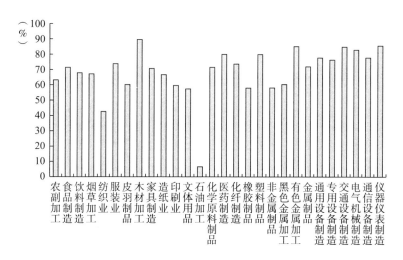

资料来源：根据固定效应随机前沿生产函数法测算得到。

附录 5　1992 年以来全国工业季度设备能力利用水平指数

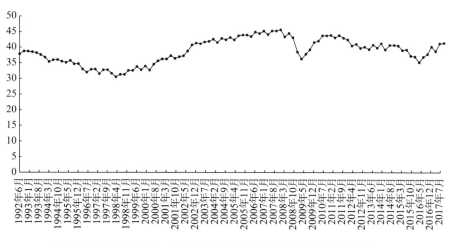

资料来源：Wind 数据库，中国人民银行的 5000 余家工业企业调查数据。

附录6　涉及本书内容的相关学术论文

［1］温湖炜：《研发投入、创新方式与产能过剩——来自制造业的实证依据》，《南京财经大学学报》2017年第4期。

［2］温湖炜：《中国企业对外直接投资能缓解产能过剩吗——基于中国工业企业数据库的实证研究》，《国际贸易问题》2017年第4期。

［3］孙焱林、温湖炜：《我国制造业产能过剩问题研究》，《统计研究》2017年第3期。

图书在版编目（CIP）数据

中国制造业产能过剩问题研究 / 温湖炜著. －－ 北京：
社会科学文献出版社，2018.7
ISBN 978 - 7 - 5201 - 2782 - 0

Ⅰ.①中… Ⅱ.①温… Ⅲ.①制造工业 - 生产过剩 -
研究 - 中国 Ⅳ.①F426.4

中国版本图书馆 CIP 数据核字（2018）第 103606 号

中国制造业产能过剩问题研究

著　　者 / 温湖炜

出 版 人 / 谢寿光
项目统筹 / 高　雁
责任编辑 / 冯咏梅　王春梅

出　　版 / 社会科学文献出版社·经济与管理分社（010）59367226
　　　　　 地址：北京市北三环中路甲 29 号院华龙大厦　邮编：100029
　　　　　 网址：www.ssap.com.cn
发　　行 / 市场营销中心（010）59367081　59367018
印　　装 / 三河市尚艺印装有限公司

规　　格 / 开　本：787mm×1092mm　1/16
　　　　　 印　张：12.5　字　数：156 千字
版　　次 / 2018 年 7 月第 1 版　2018 年 7 月第 1 次印刷
书　　号 / ISBN 978 - 7 - 5201 - 2782 - 0
定　　价 / 75.00 元